「文章術のベストセラー100冊」のポイントを1冊にまとめてみた。

文 藤吉 豊
道 小川 真理子

日経BP

はじめに

　本書は、**文章術の名著「100冊」のエッセンスを1冊にまとめ
たもの**です。

「一流のライター（コピーライター）、作家、ジャーナリストの多くが
身につけている書き方のコツを1冊にまとめてみよう」

「『文章のコツ』として、多くのプロが大切にしているルールから
順に、身につけてもらおう」

　というコンセプトに従っています。

　文章には書き手の個性が強く出ることもあって、書く技術は職
人的なものだと思われがちです。ですが実際は、小説家たちの個
性的な文章ですら、「共通のノウハウ」が意外に多くあります。

「共通のノウハウ」とは、ライターのAさんも、作家のBさんも、
ジャーナリストのCさんも、編集者のDさんも大切だと思ってい
るコツのことです。

　たとえば、「1文の長さを短くすると、読みやすくなる」と数冊
の本に書かれていたら、それは「共通のノウハウ」となります。

　現役ライター（文章を書くことを職業とする人。これまでに、女性誌・男性
誌・ビジネス誌・企業広報誌・業界専門誌・ウェブニュース・書籍など、さまざまな
文章の編集・ライティングに携わってきました）の**筆者2名**（藤吉豊、小川
真理子）**が名著100冊を真剣に読み込み、文章のプロが持つ共通
のノウハウを洗い出し、ランキング化したのが本書です。**

◆ランキングの決め方

　本書では、より多くの文章のプロが「大切だ」と考えている共通のノウハウを集めるために、次のような手順を踏みました。

(1)「文章の書き方」をテーマにした本（文章読本）を「100冊」購入

　文章読本のベストセラー、ロングセラーなど。選定の基準は218ページに詳述（書くことはコミュニケーションの手段なので、一部、コミュニケーションに関する本も含めています）。

(2) どの本に、どのようなノウハウが書かれているのかを洗い出す

　本を読み込み、「これは大切」と書かれているコツを見つける。

(3) 共通のノウハウをリスト化する

　洗い出したノウハウを「似た内容」ごとにまとめる。そのノウハウが掲載されていた本の「冊数」を数える。たとえば、
• 「主語と述語の関係」について書いてあったのは、○冊
• 「接続詞の用法」について書いてあったのは、○冊
• 「ひらがなと漢字の割合」について書いてあったのは、○冊
• 「形容詞の使い方」について書いてあったのは、○冊……など。

(4) ノウハウをランキング化する

　ノウハウを「掲載されていた本の冊数」によって順位付けする。

　このような手順で作成したのが、次のページのランキングです。

発表！「文章の書き方」大事な順

すべての人に身につけてほしい7つの基本ルール

1位 文章はシンプルに

2位 伝わる文章には「型」がある

3位 文章も「見た目」が大事

4位 文章は必ず「推敲(すいこう)」する

5位 「わかりやすい言葉」を選ぶ

6位 比喩(ひゆ)・たとえ話を積極的に使う

7位 接続詞を「正しく」使う

★……文章を書くにあたっての準備や心構え

ランキング　ベスト40！

ワンランク上の文章を書くための13のポイント

★	8位	思いつきはメモに、思考はノートにどんどん書く
★	9位	「正確さ」こそ、文章の基本
★	10位	「名文」を繰り返し読む
	11位	主語と述語はワンセット
★	12位	語彙力をつけろ、辞書を引け
	13位	「、」「。」をテキトーに打たない
	14位	段落はこまめに変える
★	15位	とにかく書く、たくさん書く
	16位	「わかりにくい」と思ったら修飾語を見直す
	17位	「書き出し」にとことんこだわる
★	18位	「読み手」を強く意識する
	19位	「は」と「が」を使い分ける
★	20位	名文を書き写す・真似る

気を付けるとさらに文章がよくなる20の秘訣

★	21位	とりあえず、書き始める	★	31位	テクニックでごまかさない
★	22位	「何を書くか」を明確にする	★	32位	「一番好きな文章」を見つける
	23位	文末の「である」と「ですます」を区別する	★	33位	的確なインプットでオリジナリティを高める
	24位	体験談で説得力を高める		34位	わかりにくいカタカナ語は日本語に
★	25位	書き始める前に「考える」		35位	ビジネス文書・論文は「話し言葉」より「書き言葉」
	26位	同じ言葉の重複を避ける		36位	ビジネスメールは簡潔さが命
	27位	「見出し」で内容を端的に伝える		37位	イメージまで共有できれば誤解なく伝わる
★	28位	日頃から内面を豊かに耕す	★	38位	発見や違いを盛り込んで文章を「おもしろく」する
	29位	同じ主語が続くときは省略してみる		39位	根拠を示す
★	30位	考えるために書く		40位	過去形と現在形を交ぜると文章がいきいきする

◆ランキングの活かし方と、本書の構成

100冊から抽出した40項目を、本書では３つに分けました。

• １〜７位（➡ Part 1へ）

多くの著者が「大切」だと説く７つのノウハウ。文章の目的を問わず、すべての人に必要な基本ルールが集まりました。

• ８〜20位（➡ Part 2へ）

「１位から７位まで」を理解した上で、さらにスキルアップを図ったり、文章の内容を豊かにしていくために必要なノウハウ。
「文章を書くにあたっての準備や心構え（★の項目）」も多く見られる結果となりました。

• 21〜40位（➡ Part 3へ）

文章のプロでもつまずいたり、意見が分かれたりするノウハウ。「20位まで」をおさえた上で取り入れてみてください。

このランキングは、文章一本で生計を立てている私たちにとっても、腹落ちする結果といえます。とくに、**１〜７位で紹介しているルールを意識するだけで、どんな場面でも「わかりやすく、正確な文章」が書けるようになります。**

項目ごとに完結しているため、どこから読んでいただいてもかまいません。「とにかくわかりやすい文章を書きたい」という人はPart 1から、書く前の準備段階の人は★の項目から目を通していただければ、それぞれのポイントを体系的に理解できます。

◆本書のメリット

「文章の書き方の本100冊を、1冊にまとめてみる」のは、正直にいって、とても大変な取り組みでした。けれど、それでも成し遂げようと決めたのは、理由があります。

「『文章の書き方』を本で勉強したいです。たくさん出版されている本のうち、どれを選んだらいいでしょうか?」

この質問は、私たちが主宰している「文章の書き方」講座の受講者から寄せられたものです。

たしかに、ここ30〜40年の間に、日本では膨大な「書き方の本」が刊行されています。それらは、作家やライター、ジャーナリスト、ブロガーなど、それぞれの「文章のプロ」が、それぞれの立場から「文章の書き方」を説明しているため、どれが自分の役に立つ本なのかがわからない、そんな悩みです。

この質問に真面目に答えるならば、「自分が書きたいジャンルの文章のプロ」で、かつ「こんな文章を書きたい」と思える人の本を選んでください、となります（99ページで詳述）。

ですが、専門のジャンルに分かれる前に、**文章のプロたち皆が「大切だ」と思っていることをまとめられないか、文章を書く上で普遍的で大事なノウハウを身につけられないか**、と考えました。こうして始まったのが、文章術の名著「100冊」のエッセンスを「1冊」にまとめてみる、という取り組みです。

ですから、本書の特徴であり、一番のメリットをまとめると、次のようになります。

- あらゆるジャンルの「文章のプロ」が「大切だ」と考えている
  文章のコツを、重要なものから順に、身につけられる。

　そのほかに、「文章の書き方」を伝える1冊として、次のメリットも付け加えておきます。

本書の9つのメリット
①文章を書く上で普遍的で大切なコツが、重要な順に身につく
②正確でわかりやすい文章が書ける
③読み手の感情を動かす文章が書ける
④読み手を不快にさせない文章が書ける
⑤速く書ける
⑥「何を書いたらいいかわからない」という悩みが解消される
⑦文章に対する苦手意識がなくなる
⑧文章によるミスコミュニケーション、誤解、気持ちのズレを
　防ぐ
⑨ポータブルスキルが身につく

　⑨の「ポータブルスキル」とは、直訳すると「持ち運び可能なスキル」のことです。業種・職種の垣根を越えて、どの職場でも活用できるスキルです。
「書く力」は、時代や環境の変化に左右されにくく、いつでも、どこでも、どのような仕事をしていても役に立ちます。
　ライターになるためだけでなく、キャリアチェンジやキャリアアップをするためにも、「書く力」は必要です。

◆本書の対象者

　本書は、職業・年齢・目的を限定せず、多くの人の文章力向上に役立つように構成しています。

- 報告書・日報・議事録・提案書・稟議書（りんぎ）・プレゼンテーション資料・プレスリリース・顛末書（てんまつ）など、業務上「書くこと」が必要なビジネスパーソン
- 入学試験・就職試験を受けたり、論文・レポートなどを書く学生・受験生・就活生（本書は、「中学生でも理解できる」ようにわかりやすく要点をまとめました）
- ブログやSNSで情報発信をしている（したい）方
- メールやチャットなど、「テキストコミュニケーション」をベースに会話をする機会が多い方
- プロのライターや編集者

　本書で紹介するノウハウは再現性が高く、誰にでも使いやすい（真似しやすい）と思います。

「文章術の本がたくさんあって、どれを読んでいいかわからない」という人の最初の1冊として。あるいは、
「文章の書き方をもう一度学び直したい」という人の振り返りの書として。
　本書が「文章の書き方」に悩む多くの人の助力となれば、これほど嬉しいことはありません。

株式会社文道　藤吉豊／小川真理子

Contents

Part.1 100冊を集めてわかった
本当に大切な「7つのルール」
ランキング 1〜7位

1位 文章はシンプルに 18

2位 伝わる文章には「型」がある 26

3位 文章も「見た目」が大事 40

Part.2 100冊がすすめる スキルアップ「13のポイント」
ランキング 8〜20位

Part.3　さらに文章力を高めるための「20のコツ」

ランキング 21〜40位

Part.1

100冊を
集めてわかった
本当に大切な
「7つのルール」

ランキング **1〜7位**

文章はシンプルに

Point
1 余計な言葉はとにかく削って、簡潔に
2 1文の長さの目安は、「60文字」以内
3 ワンセンテンス・ワンメッセージ

　映えある1位は、「文章はシンプルに」です。
「不要な言葉を省く」「簡潔に書く」「1文を短くする」「贅肉を落とす」「枝葉を切り取り幹だけを残す」など表現に違いはあるものの、「シンプルに書く」ことの大切さは、100冊中53冊に記されていました。

　では、「シンプルに書く」とはどういうことでしょうか。53冊が伝えている内容を1文で要約すると、こうなります。

「なくても意味が通じる言葉を削る」

　わかりやすい文章を書くには、無駄な言葉を使わず、簡潔に書くことが大切です。

> ●文……句点「。」（マル）で区切られたもの。
> ●文章……文が集まったもの。

　投資家でビジネス書作家のムーギー・キムさんも、「小さなスマホの画面で文章を読むことが増え、情報がますます簡略化されるこの2020年代、少しでも長いと感じられたら、その文章はまず読まれない」（『世界トップエリートのコミュ力の基本』／PHP研究所）と指摘しています。

1 余計な言葉はとにかく削って、簡潔に

　文章のプロの多くが、「シンプルに書くこと」をすすめているのは、おもに2つの理由からです。

◆シンプルに書く2つの理由

（1）内容が伝わりやすくなる

　無駄のない文章は読み手の負担を減らし、内容の理解をうながします。情報や言葉を思い切って削ぎ落とすと、

- **主語**（誰が）と**述語**（どうした）**が近づくので、事実関係がはっきりする**
- **書き手の「短い文**（文章）**で正しく伝える」という意識が高まり、「もっとも適した言葉」を選ぶようになる**

ため、書き手の主張がはっきりします。

（2）リズムが良くなる

　1文を短くすると、「リズム感」が生まれます。ジャーナリストの池上彰さんは、「**短い文章を重ねることで、リズムが良くなるし、緊迫感も出てくる**」（『書く力』／朝日新聞出版）と、短文の効用を述べています。

文字数の多い文（文章）ほど、文体の乱れが起きたり、文章の流れが悪くなりがちです。

　したがって、**削っても文章の意味が変わらない言葉は省略する**のが基本です。

✕悪い例

　新型コロナウイルスというものは、人に感染する７番目のコロナウイルスです。世界中のいたるところすべてで、とても大きな被害が発生する状況が続いているのです。

○良い例

　新型コロナウイルスは、人に感染する７番目のコロナウイルスです。世界中で大きな被害が出ています。

● 新型コロナウイルスというものは→新型コロナウイルスは
「というもの」に実質的な意味はないので、削る。「という」の大半は削除しても意味が変わらない。

● 世界中のいたるところすべてで→世界中で
「世界中」には、「いたるところすべて」の意味が含まれているため、類語の重複を避ける。

● とても大きな被害が発生する状況が続いているのです→大きな被害が出ています
まわりくどい表現をやめ、短く言い換える。

◆削りやすい「6つの言葉」

53冊の著者の多くが、「削りやすい言葉」の候補として挙げているのが、次の6つです。

削りやすい言葉の候補

（1）接続詞……「そして」「しかし」「だから」など
（2）主語………「私は」「彼が」など
（3）指示語……「その」「それは」「これは」など
（4）形容詞……「高い」「美しい」「楽しい」「嬉しい」など
（5）副詞………「とても」「非常に」「すごく」「かなり」など
（6）意味が重複する言葉
- まず最初 ➡ 最初に
- 思いがけないハプニング ➡ ハプニング
- 馬から落馬する ➡ 落馬する
- はっきり断言する ➡ 断言する
- 余分な贅肉 ➡ 贅肉　など

2 1文の長さの目安は、「60文字」以内

文章のプロは、例外なく「1文を短くする」ことの大切さを説いています。では、「短く」とは、具体的に「何文字」を示すのでしょうか。

53冊の中には、「文字数の目安」を提示しているものもありました。その一部を紹介します。

- 『「分かりやすい文章」の技術』（藤沢晃治）……平均40文字以下
- 『ちびまる子ちゃんの作文教室』（貝田桃子）……40〜60文字
- 『仕事の「５力」』（白潟敏朗）……50文字
- 『文章の書き方』（辰濃和男）……30〜35文字
- 『最新版 大学生のためのレポート・論文術』（小笠原喜康）……30文字以内（長くても40文字前後）
- 『博報堂スピーチライターが教える ５日間で言葉が「思いつかない」「まとまらない」「伝わらない」がなくなる本』（ひきたよしあき）……40文字

　精査した結果、**１文の長さは「60文字以内」が好ましい**ことがわかりました。また、**「80文字だと長すぎる」**ことも、多くの書籍に共通する意見でした。

　劇作家の井上ひさしさんが「**分けて分けて分けて、単純にして、それをつないでいけばいいんです。それが基本です**」（『井上ひさしと141人の仲間たちの作文教室』／新潮社）と述べていたように、短い文を積み重ねるのが文章の基本です。

「１文」が短くなれば、「文章」もおのずとシンプルになります。

✕悪い例

　消費税は、商品・製品の販売やサービスの提供などの取引に対して、広く公平に課税されますが、生産、流通などの各取引段階で二重三重に税がかかることのないよう、税が累積しないしくみが採られています。（95文字）

○良い例

　消費税は、商品・製品の販売やサービスの提供に対して、公平に課税されます。（36文字）
　生産、流通などの各取引段階で二重三重に税がかからないしくみが採られています。（38文字）

　悪い例は1文が長いため、2つの文に分けたのち、■■■■部分を削っています。「税が累積」を削ったのは、「二重三重に税がかかる」と意味の重複が見られるからです。

3 ワンセンテンス・ワンメッセージ

　文字数（1文60文字以内）を数えなくても、「ワンセンテンス・ワンメッセージ」を心がけると、文は自然と短くなります。

> ●ワンセンテンス・ワンメッセージ
> ……センテンスとは、「文」のこと。ひとつの文に入れる内容をひとつに絞ると、「一読で理解できる文」になる。

　1文の中に複数の情報が盛り込まれていると、1文が短くても、わかりにくくなります。

×悪い例

　会議は明日の午前9時から、本社3階の第1会議室で行ない、新商品の販売促進プランについて話し合います。

　会議は明日の午前9時から行ないます。場所は本社3階の
第1会議室です。新商品の販売促進プランについて話し合い
ます。

　悪い例は50文字。1文の目安となる「60文字以内」に収まっ
ています。ですが、3つの内容（①開始時間／②場所／③議題）
が含まれているせいで、読みにくさを感じさせます。
　伝えたい情報ごとに文を整理したのが**良い例**です。簡潔にま
とまっていて、伝わりやすくなっています。

　では、次の例はどうでしょうか。

✕悪い例

　猫は犬に比べて暑さに強い動物なので熱中症にかかりにくい
と思われていますが、高温の部屋に閉じ込められたり、長時間
水分が取れないでいると、呼吸困難、足元のふらつきといった
熱中症の初期症状が起こり、重症になるとけいれん発作や意識
の喪失を起こし死に至る場合があるので、体内の水分が減らな
いよう家中のいたるところに水を入れたお皿を複数用意して、い
つでも好きなときに新鮮な水が飲めるようにしておきましょう。
（197文字）

○良い例

　猫は犬に比べて暑さに強い動物です。（17文字）
　それでも、高温の部屋に閉じ込められたり、長時間水分が取

> れないでいると、熱中症にかかりやすくなります。（50文字）
> 　初期症状は、呼吸困難、足元のふらつきなどです。（23文字）
> 　重症になるとけいれん発作や意識の喪失を起こし、死に至る場合があります。（35文字）
> 　熱中症の予防には、体内の水分を減らさないこと。（23文字）
> 　好きなときに新鮮な水が飲めるように、水を入れたお皿を複数用意しておきましょう。（39文字）

　 悪い例 の中には、197文字の中に、以下の４つの情報が含まれています。
①猫は暑さに強い。
②それでも熱中症になる。
③呼吸困難、足元のふらつきなどが初期症状で、死に至ることもある。
④熱中症を予防するために、水の入ったお皿を用意する。

　ひとつの文に複数の内容を盛り込むと、読み手を混乱させる原因になります。 良い例 は、ワンセンテンス・ワンメッセージを原則に文を書き換えました。
　文を頭から読み進めたとき、「**読み返さなくても理解できる**」のであれば、長さにこだわる必要はありません。ですが、長い文は総じてわかりにくくなりやすいので、文章のプロは、「短く削る」ことを強調しています。
　読み手に心地よく読み進めてもらうためには、冗長さ（長くて無駄が多いこと）をなくす工夫が必要です。

2位 伝わる文章には「型」がある

Point

1 「結論が先、説明があと」の「逆三角形型」が基本

2 説得力を高めたいときは
「結論→理由→具体例→結論」の「PREP法」

3 論文は「序論→本論→結論」の「三段型」で書く

　文章のプロの共通ノウハウの２つめは、**「文章を『型』に当てはめる」**です。「型」とは、**「文章の流れを示すパターン」**のことです。

　スタイル、フレームワーク、フォーマット、テンプレートなど呼び方に違いはあるものの、文章のプロの多くが「型」の大切さに言及していました（100冊中38冊）。

　「型」を使うメリットは、次の６つに集約できます。

◆「型」に当てはめる６つのメリット

（1）どの内容を、どの順番で書けばいいのか迷わない。

（2）書くスピードが速くなる。

（3）文章の流れが良くなる。

（4）情報の過不足がなくなる。

（5）論理展開が破綻しにくい。

（6）結論がはっきりする。

　頭の中に浮かんだことを浮かんだ順番で書くより、型に合わせて書いたほうが、伝わりやすい文章になります。

「伝える力【話す・聞く】研究所」所長の山口拓朗さんは、型の効用を次のように説明しています。

「『最初にこれを書いたら、次にこれを書き、さらにこれを書き、最後にこれを書く』という具合に、決まった順番で書き進めることで、あなたは、文章の組み立てに苦労することがなくなります。それと同時に、スラスラと『わかりやすい文章』を書けるようになります」（『世界一ラクにスラスラ書ける文章講座』／かんき出版）

　38冊の中から、汎用性の高い型（真似しやすい型）を3つ紹介します。

　この3つの型を使えば、文章力に自信がない人でも、わかりやすい文章が書けるようになります。

文章のプロが使っている3つの型

（1）逆三角形型……「結論 ➡ 説明」
　結論を先に述べる。新聞記事、ビジネス文書、実用文向き。

（2）PREP法……「結論 ➡ 理由 ➡ 具体例 ➡ 結論」
　結論を述べたあと、結論に至った理由と具体例を述べる。ビジネス文書、実用文向き。

（3）三段型……「序論 ➡ 本論 ➡ 結論」
　結論を最後に述べる。論文向き。

1 「結論が先、説明があと」の「逆三角形型」が基本

　逆三角形型は、「結論を先に述べる型」です。

　書き進めるほど重要度が低くなるため、「逆三角形」と呼ばれています。

　この型の基本は、

「結論→説明」

　です。

　出来事の流れに沿って書くのではなく、**「一番伝えたいこと」**（＝読み手が知りたいこと）**を最初に書きます。**

　次に結論に至った経緯、理由、根拠、補足事項を説明します。

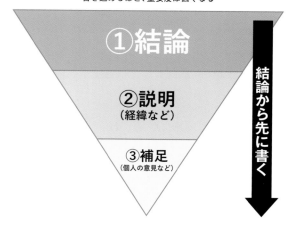

　結論を先に出すメリットは、おもに次の５つです。

◆結論を先に出す５つのメリット

（1）「この文章は何が言いたいのか」が明らかになるため、情報
　　を的確に伝えることができる。

（2）最後まで読まなくても概要がつかめるので、読み手の時間を
　　取らない。

（3）「一番大事な情報」を先に書けばいいので、文章の「書き出
　　し」（導入部分に何を書くか）に悩まない。

（4）文章を短くする場合も、「後ろ」から削っていけばいいので、
　　結論を削らなくて済む。

（5）重要な情報を最初に提供するため、読み手の関心が高くなる。

　劇作家の井上ひさしさんは、逆三角形型のメリットについて、次
のように述べています。

「『読者は多忙である。どこで読むのをやめてもよいように重要な
ものから先に述べよ』という、これはありがたい志なのだろう」

（『自家製　文章読本』／新潮社）

◆「一番伝えたいこと」（＝読み手が知りたいこと）を最初に書く

　逆三角形型の代表例は、ニュース記事です。たとえばスポーツ
記事なら、「試合結果→試合経過」の順番に書きます。

○良い例　結論 ➡ 説明

　日本ハムが12安打９得点で快勝した。一回に中田の内野ゴ
ロの間に１点を先制。四回に中田の16号２ランで加点するな
ど着実にリードを広げた。有原が７回無失点で約１カ月ぶり

に2勝目を挙げた。ロッテは打線がつながらなかった。

（「日本経済新聞」電子版　2020年8月15日）

　スポーツ記事の場合、読者の関心がもっとも高いのは、「試合結果」です。

　結果を知ったあとで、「なぜ、そうなったのか」「どのような試合展開だったのか」「誰が活躍したのか」に興味が湧きます。

×悪い例 説明 ➡ 結論

　一回に日本ハム中田の内野ゴロの間に1点を先制。四回に中田の16号2ランで加点するなど着実にリードを広げた。ロッテは打線がつながらなかった。有原が7回無失点で約1カ月ぶりに2勝目を挙げ、日本ハムが12安打9得点で快勝した。

　試合開始から時系列で追っていくと（説明→結論）、最後まで試合結果がわからないため、読者にまわりくどい印象を与えます。

　いつまでも結論の見えない文章は、読み手のストレスになりかねません。

2 説得力を高めたいときは 「結論→理由→具体例→結論」の「PREP法」

　PREP法は、逆三角形型と同様に「結論が先」です。PREPとは、「Point・Reason・Example・Point」の略です。

PREP法の4つの要素

- P（Point）＝ポイント、結論
  「○○○○の結論は○○○○です」

- R（Reason）＝理由
  「なぜならば、○○○○だからです」

- E（Example）＝事例、具体例
  「実際に、○○○○といった事例がありました」

- P（Point）＝ポイント、結論、まとめ
  「したがって、○○○○の結論は○○○○になります」

　逆三角形型の「説明」の部分に「理由」（根拠、裏付け）と「具体例」（実際に何があったか）を盛り込み、最後にもう一度「結論」で締めくくります。

　ビジネス文書やプレゼンテーションだけでなく、ブログ記事を書くときにも使える便利な型です。

逆三角形型とPREP法の比較
- **逆三角形型……「結論→説明（→補足）」**
- **PREP法………「結論→説明（理由→具体例）→結論」**

◆PREP法は「結論を2度書く」から、伝わりやすい

　PREP法は、「結論を2度書く」「根拠を明確にして主張を裏付ける」ため、逆三角形型よりも文章全体に説得力が生まれます。

• 結論

　仏教では、「地域や家庭の中で、自分の役割を持つ」ことが健康長寿の秘訣であると教えています。「使命感を持って、毎日を生きる」ことが、健康寿命を伸ばす方法です。

• 理由①

　なぜ、役割を持つと健康寿命が伸びるのでしょうか。

　理由のひとつは、役割を持つことで生きがいや自己肯定感が高まるからです。

• 理由②

　医学的にも、「地域で役割のある高齢者は長生きする（死亡率12%減）」ことが明らかになっています。

• 具体例

　男性史上もっとも長生きした木村次郎右衛門さん（故人）も、90歳まで畑仕事を続けるなど、自分の役割を持っていました。

• 結論

「使命」とは、「命」を「使う」と書きます。自分の役割を見つけ、それに向かって命を使っていく。それが仏教の教える「長寿の秘訣」です。

　例文 は、以下の要素で構成されています。

• 結論………健康長寿の秘訣は、役割を持って生きること。
• 理由①……役割を持つと自己肯定感や生きがいが高まる。

- **理由②**……医学的な裏付けもある。
- **具体例**……長寿世界一だった木村次郎右衛門さんも役割を持っ
　　　　　　　ていた。
- **結論**………健康長寿でいるために、自分の役割を見つけよう。

「結論→理由→具体例→結論」の順番で書くと、**読み手の理解・
納得・共感をうながすことができます**。

---

③ 論文は「序論→本論→結論」の「三段型」で書く

　ビジネス文章や実用文は結論を先に書きますが、論文やレポー
トは違います。
「結論はあと」が原則です。
　**論文に求められるのは「結論の正しさ」ではなく、「結論に行き
着くまでの展開の正しさ」だからです。**

　哲学者の戸田山和久さんは、著書の中で、次のように述べてい
ます。
**「論文の評価のほとんどは、論証が正しくなされているかによっ
て決まる。つまり、主張（結論）を支えるだけの論拠がきちんと与
えられているかが重要だ。これに比べれば、結論じたいの正しさ
はあまり重要ではない」**（『新版　論文の教室』／NHK出版）

　論文の基本構成は、「序論→本論→結論」の順番で書く「三段
型」です。ジャーナリストで東京大学客員教授の小笠原信之さん
は、『伝わる！　文章力が身につく本』（高橋書店）の中で、「現状で

最善の作法」と三段型を評価しています。

三段型の各部分の役割

- **序論……扱うテーマと問題点を提示**（疑問文を立てる）
- **本論……問題の原因を分析**
- **結論……結論（解決策）を提示**

例文

- 序論

　人口増加や経済成長にともない、石油資源の枯渇（こかつ）が深刻な問題になっている。

　いかにしてエネルギー資源を確保すべきか。

- 本論

　新興国のエネルギー需要が急増し、化石燃料の消費が増大している。

　石油の多くは政情の不安定な中東地域に依存しているため、供給が滞るリスクがある。

　アメリカや中国は、火力発電が８割以上になっている。

　ヨーロッパでは電力網をつなげ、一部の国で電力が不足した場合も他国が供給するしくみを持っている。

- 結論

　エネルギー資源を確保するには、石油の安定供給を保つと同時に、複数のエネルギー源を組み合わせることが必要である。

　例文 では、序論で「エネルギー資源の確保の仕方」について

疑問形で問題提起。

　本論で、各国のエネルギー対策の現状を述べ、最後に「複数の
エネルギー資源を組み合わせることが大切」と結論付けています。
　大事なのは、序論で論点をひとつに絞り込むことです。論点が
ひとつであれば、結論もひとつになります。

◆「型の活用」は文章力を身につける一番の近道

　コピーライターの梅田悟司さんは、「型を知ることは、自分の言
葉を磨く道のりを最短距離にすることを可能にする。そして、型
を知ることで、型を破ることができるようにもなる」（『「言葉にでき
る」は武器になる。』／日本経済新聞出版）と述べています。

　スポーツでも楽器演奏でも、初心者は最初に「フォーム（＝型）」
を身につけます。文章も同じではないでしょうか。
　38冊を精読してわかったのは、
「型を覚えるのが上達の近道である」
　ことです。
　型は、誰もが再現できるように一般化された知識です。型を身
につけ、それに従って書くだけで、誰でも「わかりやすい文章」
が書けるようになります。

「型」を使えば、誰でも1時間で ブログ記事が書ける

　これまで私たちは、「文章を書くのが苦手な人」の原稿を数多く添削してきました。その中で発見した、「文章が苦手な人」の共通点があります。それは、

- 構成が決まらない（流れが悪い）
- 文章に過不足がある

　ことです。頭に思い浮かんだ順番で文章を書くと、同じような内容が何度も出てきたり、文脈が途中で見えなくなったり、話の展開が唐突すぎたり、論理破綻することがあります。

　私たちは、これらの共通課題を短期間でクリアし、文章への苦手意識を克服するために、「型」を用いた文章指導を行なっています。たとえば、藤吉と小川が以前、約3年にわたって大学生の文章指導をした際には、次の型を教えていました。

書きやすい文章の型

①**主題**……何について書いた文章か。伝えたいことは何なのか
②**理由**……なぜ、それを伝えたいと思ったのか。そのように主張する根拠は何か
③**具体例**…実際にどのようなエピソードがあったのか
④**提案**……読者へのアドバイス、メッセージ

　この型には、前述したPREP法と同じく、「理由（根拠）」と「具体例」を入れています。この2つは、文章に客観性、信頼性を持たせるために欠かせない要素です。

「4つの要素」を「決められた順番で書く」ことが明確になっているため、取材記事を執筆した経験がない学生でも、文章力がアップし、順序立てて文章を書くことができました。

　現在、一般の方向けのセミナーでは、「ブログのワーク」として、以下のテーマ・型を提示しています。

ブログ記事のテーマ

　今、自分が夢中になっているもの、ハマっているもの、好きなものを、1200〜2000字で紹介する。

1時間で書ける「ブログの型」

　①好きなものの「特徴」
　②好きになった（それを始めた）「きっかけ」
　③それを人におすすめする「3つの理由」（メリットなど）
　④始めてみたいと思っている人への「アドバイス」

　参加者にその場でテーマを与えて書いていただきます。
「型の空欄」を埋めていくだけなので、初心者でも、「1時間」あれば、記事を作成することが可能です。型通りに書くだけで自然と論理的な構成になり、読者に伝わりやすい文章になります。

　次の見開きでは、「型」と、「セミナーの参加者が実際に書いた文章」を掲載します。文章力アップトレーニングにもなりますので、ぜひ、試しに書いてみてください。

●好きなもの、ハマっているものを書いてください

このブログでは、私が最近ハマっている（取り入れている、夢中になっている）

> ### CITTA手帳

についてご紹介します。

---

①好きなものの特徴を簡単に説明してください

○○○○○は、

> 毎月のはじめに、
> ワクワクリストが付いているバーチカルタイプの手帳
> （横軸が1週間、縦軸が時間軸の手帳）

です。

---

②それを始めたきっかけを書いてください

私が○○○○○を始めたきっかけは、

> 同じ講座で隣に座った女性が使っていたので
> 使用感を聞いたところ「使いやすい」との返事があったことです。
> 手帳の作者のブログを見てみると、
> 丁寧に使い方が紹介されていたので、とてもわかりやすかった

です。

---

③それをすすめる理由を説明してください
（自分のエピソードや数字を入れる）

私が○○○○○をおすすめする理由（○○○○○のメリット）は、
次の3つです。

> 1……ワクワクリストがついている。
>
> 「行ってみたいところ」「ほしかったもの」「やってみたかったこと」などを書ける

ので、自分の好きなこと、興味のあることが見つけやすくなります。
今月できなかったとしても、次の月に「あ、これをやりたいと思っていたんだ!」と
思い出すきっかけになりました。

2……バーチカルタイプなので、その日何をしたのか、自分の行動を振り返りや
すい。

毎日自分の行動をメモしておくことで、自分が何をしているのかを把握することが
できます。「今月はテレビを見る時間が多かった」など、反省点が見えやすく
なり、時間の使い方が変わりました。

3……この手帳のコンセプトは、「未来を予約する手帳」。次の週の予定を
先に予約しておくことができる。

自分の落ち着ける場所で週に1度、2時間の「手帳タイム」を取っています。
「旅行に行く」「美容院に行く」など、先の2週間分の予定を書き入れるよう
にしています。

④最後に、○○○○○を始めてみようと思っている人への アドバイスを教えてください

これから、○○○○○を始めてみよう（取り入れてみよう）と
思っている人は、

最初の1週間、ご自分の行動をメモしてみてください。
自分がどのように行動しているかを可視化できたら、それをふまえて、2週間分
の予定を未来予約していきます。
予約したことができなくても、かまいません。大事なのは、未来を自分で決めて
行動することです。

一緒に、○○○○○を楽しみましょう。

ブログのタイトル

未来を予約する手帳

3位 文章も「見た目」が大事

Point

1 「余白」で読みやすい印象を与える

2 ひらがなと漢字はバランス重視で

3 見た目を良くすると、文章のリズムも良くなる

　３位は、「文章の見た目」に関する項目です。

　見た目とは、紙面、誌面、画面の字面（文字を並べたときの印象）のことで、100冊中36冊が、**「見た目を整えること」** をポイントとして挙げていました。

　普段、文章を書いたり書き方を伝えている立場から正直にいうと、「文章の見た目」を大切だという人がここまで多いのは、意外でした。

　たしかに見た目は重要です。文字の大きさ、太さ、１ページの行数、１行の文字数、空白行、文字の配列、改行のタイミング、字間と行間のバランスなどによって、文章の読みやすさ、伝わりやすさが変わります。

　メールやSNS、ブログなど、書いたものがそのまま他人の目に触れる機会がますます増えれば、なおさら重要になります。

◆文章にも「ルックス」が求められる理由

　文章のプロの多くが「内容はもちろん、見せ方が重要である」と指摘しています。**紙面、誌面、画面いっぱいに文字が詰まっていると、読む気が失せてしまう**からです。

「人に『分らせる』ためには、文字の形とか音の調子とか云うことも、与って力がある」（谷崎潤一郎『文章讀本』／中央公論新社）

「その文が読みやすいか、読みにくいかは、中身を読まなくてもわかる。読みやすそうな本はワン・パラグラフが短く、白いスペースが多い」（スティーヴン・キング『書くことについて』／小学館）

「かつては、レイアウト技術は専門家の仕事で、一般の文章術には含まれませんでした。しかしワープロや電子メールなどでは、改行はもちろん、文字のサイズを大きくしたり太字で強調したりといったレイアウトも、自在にできるようになってきました。そのためもあって、普通の人にも『レイアウトの技術』が欠かせなくなってきたのです」（藤沢晃治『「分かりやすい文章」の技術』／講談社）

「仕事ができる人ほど見た目にこだわるといいますが、文章も似ています。内容も大事ですが、文章のルックスを磨くことは、自分の見た目を磨くのと同じくらい大切です」（中村圭『説明は速さで決まる』／きずな出版）

「文章の見た目を整えると、読みやすさがアップする」というのは、言語・時代・文章のジャンルを問わず、プロたちの共通見解

です。

　では、どうすれば文章は見た目が良くなるのでしょうか。見た目を良くするポイントは、

- **余白**
- **ひらがなと漢字の使い分け**
- **リズム**

の３つです。

1 「余白」で読みやすい印象を与える

　余白とは、紙面や誌面や画面の「白い部分」＝「文字、写真、画像がない部分」のことです。

　余白を十分に取ると、読み手に負担をかけないやさしい文章になります。

　文章のプロの多くが**「余白のない詰め込み文章は読みにくい」**と指摘していて、**「行間（行と行の間隔）」をあけ、「空白行」を意図的につくっている**ことがわかりました。

行間・空白行の目安
- **行間**……文字サイズの0.5〜１文字分
- **空白行**……内容の区切り（段落）で１行

✕悪い例

　「働き方改革」は、日本国内雇用の約７割を担う中小企業・小規模事業者において、着実に実施することが必要です。魅力ある職場とすることで、人手不足の解消にもつながります。職場環境の

改善などの「魅力ある職場づくり」が人手不足解消につながることから、人手不足感が強い中小企業・小規模事業者においては、生産性向上に加え、「働き方改革」による魅力ある職場づくりが重要です。改革に取り組むに当たっては、「意識の共有がされやすい」など、中小企業・小規模事業者だからこその強みもあります。「魅力ある職場づくり」→「人材の確保」→「業績の向上」→「利益増」の好循環をつくるため、「働き方改革」を進めてより魅力ある職場をつくりましょう！

○良い例

「働き方改革」は、日本国内雇用の約7割を担う中小企業・小規模事業者において、着実に実施することが必要です。

　魅力ある職場とすることで、人手不足の解消にもつながります。

　職場環境の改善などの「魅力ある職場づくり」が人手不足解消につながることから、人手不足感が強い中小企業・小規模事業者においては、生産性向上に加え、「働き方改革」による魅力ある職場づくりが重要です。

　改革に取り組むに当たっては、「意識の共有がされやすい」など、中小企業・小規模事業者だからこその強みもあります。

「魅力ある職場づくり」→「人材の確保」→「業績の向上」→「利益増」の好循環をつくるため、「働き方改革」を進めてより魅力ある職場をつくりましょう！

（厚生労働省「働き方改革特設サイト」より）

悪い例 は、「行間（行と行の間隔）が狭い」「改行がない」「空白行がない」ため、文字がぎっしりと詰まった印象です。「白い部分」が少ないせいで、読み手に圧迫感を与えかねません。

　一方、 良い例 では、行間をあけ、段落（話のまとまり）ごとに空白行を入れているため、文章の視認性（パッと見た瞬間の認識しやすさ）と可読性（文字の読みやすさ）が改善されています。

2 ひらがなと漢字はバランス重視で

　漢字とひらがなを使い分けると、見た目の印象を変えることができます。

　「漢字が多いと、堅苦しく重い印象となって読みにくい。他方で、かなが多すぎると、幼児的印象を与える」（野口悠紀雄『「超」文章法』／中央公論新社）

　「漢字・漢語をなるたけ減らした文章はとっつきやすい印象をあたえる。逆に漢字の多い文章はとっつきにくさを感じさせる」（花村太郎『知的トレーニングの技術〔完全独習版〕』／筑摩書房）

　「漢字は硬い。暑苦しい。平仮名はやわらかい。涼しい感じがする」（近藤勝重『書くことが思いつかない人のための文章教室』／幻冬舎）

　漢字はひらがなよりも画数が多いため、多用すると文字の詰まりが助長されたり、堅苦しい印象を与えます。

「漢字よりもひらがなを多く」したほうが、やさしく、親しみやすい印象になります。

- 漢字が多め………硬い印象、内容が頭に入りにくい。
- 漢字が少なめ……やわらかい、内容が頭に入りやすい。

> **例文1** 漢字が多め
> 仕事が出来る人程見た目に拘ると言いますが、文章も似ています。
>
> **例文2** 漢字が少なめ
> 仕事ができる人ほど見た目にこだわるといいますが、文章も似ています。
>
> **例文3** ひらがなだけ
> しごとができるひとほどみためにこだわるといいますが、ぶんしょうもにています。

バランスがいいのは、**例文2** です。漢字が多すぎても（**例文1**）、漢字がなくても（**例文3**）、視認性が悪くなります。

◆ひらがなと漢字の割合は、「ひらがな8：漢字2」

物理学者の木下是雄さんは、読みやすさへの配慮として、「字面の白さ」を挙げています。

- 用のないところは漢字を使わない→字面が白くなる。
- 用のないところに漢字を使う　　→字面が黒くなる。

「字面が黒い」と難しい印象を与えてしまうため、「**かたい漢語やむずかしい漢字は必要最小限しか使わないようにしてほしい**」（『理科系の作文技術』／中央公論新社）と木下さんは提案しています。

　では、漢字とひらがなの割合はどのくらいが適切なのでしょうか。
「これが正解」というルールは明確には存在しませんが、文章のプロの意見をまとめると、
「漢字２、３割」
「ひらがな７、８割」
　がひとつの目安です。

　次のページには、36冊を参考にして、「ひらがなにしたほうがいい言葉」をまとめてみました。これらの言葉を漢字で書いてはいけないわけではありませんが、ひらがなにしたほうがやさしく、読みやすくなります。
　ただし、媒体や発行元が、独自の表記のルールを決めている場合には、それに従ってください。

　今回調査した100冊には含まれていませんが「漢字か、ひらがなか」で迷ったときの目安になるのが、共同通信社が発行する『記者ハンドブック』です。
　『記者ハンドブック』には、報道関連の用字用語の決まりや表記の基準が提示されています。

ひらがなにしたほうがいい言葉

もとの語句の意味が薄れた言葉（形式名詞や接尾語、あいさつ）	
	事 ➡ こと
	物 ➡ もの
	時 ➡ とき
	所 ➡ ところ
	位 ➡ くらい
	頂く・戴く ➡ いただく
	下さい ➡ ください
	居る ➡ いる
	そういう風に ➡ そういうふうに
	お早う ➡ おはよう
	有り難う ➡ ありがとう
	ご免なさい ➡ ごめんなさい
	詰まらない ➡ つまらない
	易い ➡ やすい
	沢山 ➡ たくさん
	宜しく ➡ よろしく
	為 ➡ ため

言葉や文をつなぐ言葉（接続語や副詞）	
	及び ➡ および
	然し ➡ しかし
	即ち ➡ すなわち
	何故 ➡ なぜ
	是非 ➡ ぜひ
	段々 ➡ だんだん
	或いは ➡ あるいは
	予め ➡ あらかじめ
	後で ➡ あとで
	流石 ➡ さすが
	更に ➡ さらに
	故に ➡ ゆえに
	因みに ➡ ちなみに
	並びに ➡ ならびに
	却って ➡ かえって
	直に ➡ じかに

別の言葉の前や後ろにつく言葉	
	凡そ ➡ おおよそ
	等 ➡ など
	程 ➡ ほど
	筈 ➡ はず
	殆ど ➡ ほとんど
	僅か ➡ わずか
	概ね ➡ おおむね
	余り ➡ あまり
	人達 ➡ 人たち
	一寸 ➡ ちょっと
	但し ➡ ただし
	敢えて ➡ あえて
	丁度 ➡ ちょうど
	所謂 ➡ いわゆる
	迄 ➡ まで

指示語や人称名詞	
	此れ ➡ これ
	其れ ➡ それ
	此処 ➡ ここ
	其処 ➡ そこ
	何処 ➡ どこ
	何時 ➡ いつ
	貴方 ➡ あなた
	何方 ➡ どなた
	或る ➡ ある
	此の ➡ この
	其の ➡ その
	我が ➡ わが

そのほか	
	出来る ➡ できる
	可笑しい ➡ おかしい
	可愛い ➡ かわいい
	由々しい ➡ ゆゆしい
	有る ➡ ある
	無い ➡ ない

3 見た目を良くすると、文章のリズムも良くなる

　文章の見た目を整えると、音感的なリズムも良くなります。「音感的なリズムが良い文章」とは、**「音読したときに読みやすい文章」**のことです。

　どうして、「音読したときの読みやすさ」が大切なのでしょうか。『「言葉にできる」は武器になる。』（日本経済新聞出版）の著者、梅田悟司さんの言葉をお借りすれば、
「文章を読む時、誰もが『内なる言葉』を使って、頭の中で音読している」
「読みにくい言葉は、心に入ってこない」
　からです。

　大正から昭和にかけて活躍した作家、川端康成も、『新文章讀本』（新潮社）の中で、
「『耳できいて解る文章』とは、私の年来の祈りである」
　と音のリズムの重要性を説いています。

◆リズムの悪さ＝読みづらさ

　改行のタイミング（117ページで詳述）、段落の区切り方、句読点の打ち方（112ページで詳述）、表記（漢字とひらがな）によって、見た目だけでなく、文章のリズムが変わります。文章のリズムが変わると、読みやすさも変わります。

　書評ライターの三宅香帆さんは、ひらがなと漢字の「テンポの違い」について次のように指摘しています。

「ひらがなって漢字よりも『ゆっくり読ませる』ものなんです。『大人』よりも『おとな』のほうが、テンポとして遅く読んじゃう感じがするでしょう。反対に、漢字のほうがするすると速く読むことができます」（『文芸オタクの私が教える バズる文章教室』／サンクチュアリ出版）

「段落が長すぎる（または短すぎる）」
「行長（1行に入る文字数）が長すぎる」
「改行がない（あっても少ない）」
「漢字が多い」
「句読点が少ない」
　とリズムが悪くなります。

　リズムの悪さは、読み手にとっては**読みづらさやわかりづらさにつながりやすく、誤読の原因にもなりがち**です。

　テンポ良く「すらすら読める文章」を書くためにも、「見た目」に気を配りましょう。

4位 文章は必ず「推敲」する

Point

1 時間を置いて読み直す

2 あえてプリントアウトして読み直す

3 声に出して読み直す

4 他人に読んでもらう

4位は、書き終わったあとの「推敲」です。

> ●推敲……より良い文章になるように、練り直すこと。

100冊中27冊に、推敲の必要性が述べられていました。

ジャーナリストで読売新聞論説委員の竹内政明さんは、次のように述べています。

「頭から書き始めて、そのまま書き終えたものが、人様に読んでもらえるような文章になっているなんてことは、期待してはいけません。何度も何度も、『こっちの文を先に持ってきたほうがいいか、いや、やっぱり後回しか』と、切り貼りを重ねることで、なんとか『読める文章』になっていきます」（『書く力』／朝日新聞出版）

推敲の目的は、おもに4つです。

◆推敲の4つの目的

- 誤字（変換ミス）・脱字（書き落とした文字）をなくす。
- 文字（文）を付け加えたり、削ったりして読みやすくする。
- 情報に間違いがないかを確認する。
- よりわかりやすい表現に差し替える。

　27冊に掲載されていた「推敲のポイント」と「推敲のチェック項目」をまとめると、次のようになります。

推敲の4つのポイント

- 時間を置く
- プリントアウトする
- 声に出す（音読）
- 他者の目を入れる

推敲の10のチェック項目

①書かれている内容に間違いがないか、論理が破綻していないか点検する

②文字を削って、1文を短くする（19ページ）

③改行や空白行で余白をつくる（42ページ）

④誤字・脱字をなくす（とくに固有名詞には注意）

⑤句読点を適切に打つ（112ページ）

⑥漢字、ひらがなの比率を適正にする（44ページ）

⑦表記と用語を統一する

⑧不快感をともなう表現、差別用語を避ける

⑨主語と述語の関係を見直す（102ページ）

⑩重複表現を避ける（170ページ）

1 時間を置いて読み直す

　推敲のポイントとしてもっとも多く挙げられていたのが、「時間を置いてから読み直す」ことでした。

　時間を置く理由は、書いた直後だと、

- 頭の中にある文章を補って、書き終えた原稿を読んでしまう
- 書いたときの気持ちが残っていて、客観的に読むことができない

からです。

では、どれくらい時間を置けばいいでしょうか。

「締切前に書き終えて最後の一日を推敲に当てる」（大沢在昌『小説講座　売れる作家の全技術』／KADOKAWA）

「長い文章であれば、できれば一週間ほど」「せめてひと晩」（池上彰『伝える力』／PHP研究所）

「数日間読まずにおいてあらためて読み返してみると、多少は文章を相対化できる」（樋口裕一『人の心を動かす文章術』／草思社）

「数日寝かせて、自分の書いた原稿と距離ができてくると、自分の原稿ではなく、ほかの人の原稿として読めるようになり、冷静に判断ができるようになります」（石黒圭『論文・レポートの基本』／日本実業出版社）

「時間のゆとりがあれば、書き上げた原稿を一日か二日、そのまま寝かせたほうがいいようです」（辰濃和男『文章の書き方』／岩波書店）

　文章のプロの意見をまとめると、**寝かせる時間の目安は、「理想は1週間、最低でもひと晩」**になります。

② あえてプリントアウトして読み直す

◆紙で読んだほうが、分析力がアップする

　推敲は、パソコンやスマホ画面上ではなく、「プリントアウトして」「紙で」が文章のプロの共通する意見でした。
　用紙で見る理由をまとめると、次の2つになります。

画面よりも用紙で見たほうがいい理由
- **画面だと、全体を一望（いちぼう）して構成を見るのが難しい。**
- **用紙に出力することで、書き手から読み手に意識が変わって、第三者の視点でチェックできる。**

　メディア論で知られる英文学者マーシャル・マクルーハンによれば、用紙で読むと脳は分析モードになるため、画面で見るよりもミスに気づきやすいそうです。

- 反射光（紙に反射した光）で読む……人間の脳は「分析モード」になる。
- 透過光（モニター画面から発せられる光）で読む……細かい部分は多少無視して、全体的なパターンや流れを追う「パターン認識モー

ド」になる。

（『日刊建設工業新聞』2015年4月15日「回転窓／反射光と透過光の違い」より）

3 声に出して読み直す

声に出して読むこと（音読）も、有効な方法です。

音読は「読み飛ばす」ことができません。誤字・脱字、読みやすさ、文章のリズム、句読点の位置、言葉の重複などをチェックできるため、推敲の精度が上がります。

池上彰さんは、本を出すために書いた原稿を「全部声を出して読み返す」こともあるそうです。

すらすら読めないところ、読みにくいところ、リズムの悪いところには問題が潜んでいます。

「知の巨人」と称された外山滋比古さんは、『知的文章術』（大和書房）の中で、「**すらすら読めないようなら、文章もごつごつしている証拠である。読み違いをするようだったら、文脈にねじれがあるかもしれないから、よく点検してみる必要がある**」と述べています。

声は、目だけでは見つけることができない「文章の穴」を発見するツールです。

4 他人に読んでもらう

推敲の4つ目の方法は、「他人に読んでもらう」です。

書き手とは違う視点で見てもらえるため、自分では気づけなか

った修正点を発見できます。

「人に読んでもらうのは、推敲ではなくて、添削である」という
意見もあります。

> ◉推敲……自分で手を加える。
> ◉添削……他人が手を加える。

　他人に「読みにくい部分」「意味が通りにくい部分」「誤字・脱
字」を指摘してもらったあと、「自分で手直しをする」のですから、
本書では「推敲」に含めました。

　時間を置くのも、音読をするのも、客観的に、第三者の目で文
章を読むためです。
　ですが、自分で行なう以上、限界があります。完全に他人にな
ることはできないので、「自分以外の誰か」に読んでもらうのがも
っとも効果的な方法です。
　**第三者は先入観を持たない分、自分では気づけないミスを指摘
してくれます。**

「わかりやすい言葉」を選ぶ

Point

1 「難しい言葉」を「簡単な言葉」に置き換える

2 専門用語を使うときは、解説を加える

3 「簡単な言葉」を雑に扱わない

５位は、「『わかりやすい言葉』を選ぶ」です。

わかりやすい言葉とは、

「中学生でもわかる言葉（単語）」

「日常的に使われている言葉」

「耳慣れた言葉」

のことです。

読売新聞論説委員の竹内政明さんによると、「新聞の世界では、『中学生でもわかるように書く』というのが一応の目標になっている」（『書く力』／朝日新聞出版）そうです。

中学生を目安にしている理由は、「中学校までは義務教育で、誰もが一定水準の教育を受けている」からです。**中学校までに習った言葉を使い、中学校までに習った知識があることを前提に文章を書けば、多くの人に伝えることができます。**

明治を代表的する思想家、福沢諭吉は名文家としても知られて

います。

　元朝日新聞記者でジャーナリストの辰濃和男さんは、福沢諭吉の文章の「わかりやすさの秘密」として、

「身の丈に合った言葉を使っている」

「難しい文字を使っていない」

　ことを挙げています。

「身の丈に合った言葉」とは、「**自分が普段から使っている言葉**」のことです。

　文は、「単語と単語の組み合わせ」です。文の中に難しい漢字（読めない漢字、意味がわからない漢字）がひとつあるだけで、読み進めていた目が止まってしまうことがあります。

　やさしく、読みやすく、リズムの良い文章を書くには、難しい言葉や専門用語は使わないのが基本です。

1 「難しい言葉」を「簡単な言葉」に置き換える

　不特定多数に向けて文章を書くときは、難しい言葉は使わないようにします。日常的、一般的な言葉に置き換えたほうが、わかりやすくなります。

> **例文1** 難しい言葉を使った例
>
> 　問題解決は喫緊の課題であり、可及的速やかに諸般の対策を講じる所存です。

　例文1 に含まれる「喫緊」「可及的速やか」「諸般」「講じる」「所存」を置き換えたことで、わかりやすくなりました。

- 喫緊……差し迫っていて重要なこと
- 可及的速やか……できるだけ早く
- 諸般……さまざまな
- 講じる……行なう
- 所存……したいと思っている

「簡単な言葉に置き換える」ときに役に立つのが、「類語辞典」です。

　類語辞典は、「同じような意味を持つ言葉をまとめた辞典」です。類語辞典の必要性については、「12位　語彙力をつけろ、辞書を引け」で詳述します。

2 専門用語を使うときは、解説を加える

　評論家の藤沢晃治さんは、『新装版 「分かりやすい表現」の技術』（文響社）の中で、「ある分野の専門家が必ずしも初心者に対する上手な説明者ではない」と述べています。

　その理由を、「自分が日常的に使っている専門用語になじみ過ぎ

ているため、よほど強く意識していないと、その専門用語が素人には通じないことをつい忘れてしまう」からであると説明しています。

　わかりやすい文章を書くには、
「自分が知っているからといって、誰もが知っているとは限らない」
　という前提に立つことが大切です。

　情報を発信するときは、
• 専門用語を使わないようにする
• 専門用語を使うときは、用語の説明をする
　と、誰が読んでもわかりやすい文章になります。

◆自分が知っているからといって、誰もが知っているとは限らない
　出版業界では「閉じる」「開く」という用語を日常的に使います。

•「閉じる」……漢字で書く
•「開く」………ひらがなで書く

　本書が、読者をライターや編集者に限定した専門書であれば、「閉じる」「開く」と表記しても意味は通じると思います。
　ですが、本書は一般の人に向けた本です。
　3位（40ページ）で、「閉じる」「開く」を使わず、
「ひらがなと漢字を使い分ける」
　と書いたのは、「専門用語・業界用語を使わないほうが、一般の

人にはわかりやすい」からです。

例文1 専門用語を使う（用語の解説なし）
　文章を書くときは、どの言葉を開いて、どの言葉を閉じるかを決めておきましょう。

例文2 専門用語を使う（用語の解説を加える）
　出版業界では、漢字で書くことを「閉じる」、ひらがなで書くことを「開く」といいます。
　文章を書くときは、どの言葉を開いて、どの言葉を閉じるかを決めておきましょう。

例文3 専門用語を一般的な用語に置き換える
　文章を書くときは、ひらがなで書く言葉と、漢字で書く言葉を決めておきましょう。

　もっともわかりやすいのは、**例文3** です。**例文3** は、誰でも理解できる言葉に変換した文章です。
　専門用語を使う場合は、**例文2** のように用語の解説を加えて、**書き手と読み手の「前提の知識」をそろえておく**必要があります。

◆**「説明が、本当に説明になっているか」も要注意**

　ただし、次の例文のように「説明文に難解な用語が含まれている」と、かえってわかりにくくなってしまいます。
　専門用語、難解な用語は、わかりやすく噛み砕いて説明することが大切です。

例文1

　日本各地で梅雨入りし、雨の日が多くなっています。「線状降水帯」の発生も心配されており、大雨による災害への注意が必要です。

　線状降水帯とは、次々と発生する発達した雨雲（積乱雲）が列をなした、組織化した積乱雲群によって、数時間にわたってほぼ同じ場所を通過または停滞することで作り出される、線状に伸びる長さ50〜300km程度、幅20〜50km程度の強い降水をともなう雨域のことです。

例文2

　日本各地で梅雨入りし、雨の日が多くなっています。「線状降水帯」の発生も心配されており、大雨による災害への注意が必要です。

　線状降水帯とは、発達した雨雲が同じ場所にとどまることで作り出された、強い雨の降る一帯のことです。

　雨雲が線のように細長く伸びて見えることから「線状降水帯」と呼ばれています。

　例文1 の　　　　部分は、気象庁のウェブページに掲載されている「線状降水帯」の説明文です。

「雨雲（積乱雲）が列をなす」「組織化した積乱雲群」「線状に伸びる」など、イメージしにくい表現が目立ちます。漢字が多いので、見た目にも堅苦しい印象です。

　例文1 の内容を簡潔にまとめたのが **例文2** （　　　　の部分）

です。

「雨雲が同じ場所にとどまることで強い雨が降る」「雨雲が線のように細長く伸びて見える」という表現に変えているため、**例文1**よりもわかりやすくなっています。

3 「簡単な言葉」を雑に扱わない

　作家・ジャーナリストの日垣隆さんは、「**難しい言葉だけではなく、簡単な言葉についても改めて腰を据えて考えてみる。そのことが文章の可能性を広げていきます**」（『すぐに稼げる文章術』／幻冬舎）と述べています。

　日垣隆さんが著書の中で定義があいまいな言葉として挙げているのが、「お金持ち」という言葉です。

　なぜなら、「**そもそもお金持ちとそうでない人のラインをどこで引くのか**」が難しいからです。

「お金持ち」という言葉は、耳慣れた言葉です。中学生でも知っています。

　ですが、どれくらい年収があって、どれくらい資産を保有していたら「お金持ち」と呼ばれるのかがわかりません。

　お金持ちに対するイメージは人それぞれです。

◆言葉に潜むあいまいさをなくす

　誰が読んでも同じ解釈になる文章を書くには、言葉や用語をあいまいにしないことが大切です。

「お金持ち」について書くのであれば、最初に「お金持ち」の定

義をする必要があります。

　すると、書き手と読み手の「お金持ち」に対する認識をそろえることができます。

例文

　お金持ちとは、富裕層のことです。

　野村総合研究所が公表した調査結果にもとづき、本書では、

「お金持ち（富裕層）」のことを、

「金融資産保有額が1億円以上5億円未満の世帯」

　と定義します。

　読み手に誤解なく、自分の意図を伝えるためには、きちんと言葉を定義して、認識合わせをすることが必要です。

比喩・たとえ話を
積極的に使う

1 使いやすいのは「直喩」「隠喩」「擬人法」の3つ

2 より強い印象を与えたいときは「隠喩」

3 知らないことは「知っていること」にたとえる

　6位は「比喩・たとえ話を積極的に使う」です。

　100冊の中で、比喩の大切さに触れていた本は、23冊ありました。

　比喩とは、

「ほかのものにたとえて表現する」

　ことです。「喩」には、「たとえて、意味・内容を理解させる」という意味があります。

　比喩は、**書き手の主張や大切なことを読み手に印象付ける**役割を担っています。比喩を使うと、**理解しにくい物事がわかりやすくなったり、イメージしやすくなったりします。**

　比喩の効果は、おもに次の4つです。

◆比喩の4つの効果

（1）ショートカットできる

作家の大沢在昌さんは、著書の中で**「比喩とは、三行費やさな
ければ説明できないことを一行で説明できる、非常に有効なショ
ートカットの手段です」**（『小説講座　売れる作家の全技術』／KADOKAWA）
と述べています。

一橋大学名誉教授で経済学者の野口悠紀雄さんも、『「超」文章
法』（中央公論新社）の中で、**「内容をいちいち説明せずに、『一撃の
もとに』仕とめてしまう」**と比喩の効果を認めていました。

（2）難解な内容、複雑な内容、未知の内容をわかりやすく伝える

「Aは、あなたがすでに知っているBと同じ」「これから私が話す
のは、あなたも知っているあの例と同じ」と説明することで、伝
わりやすくなります。

（3）読み手がイメージしやすくなる

「新しい商品の大きさは、縦15㎝、横10㎝です」と表現するより、
「新しい商品は、葉書と同じくらいの大きさです」と表現したほう
が、サイズ感をイメージしやすくなります。

（4）意味を強調できる

「明るい女性」と書くよりも、「太陽のように明るい女性」と書い
たほうが、明るさや健全さが強調されます。

　比喩には、直喩、隠喩、換喩、提喩、諷喩、擬人法など、いくつかの種類があります。

　一般的で使いやすいのは、直喩、隠喩、擬人法の３つです。

◉直喩……「まるで○○○○のような」「○○○○みたいな」と説明付きでたとえる。

例文　直喩

- 彼は怒っている。
➡彼は鬼のように怖い顔で怒っている。

- 彼女は明るい人だ。
➡彼女はひまわりのように明るい人だ。

- 深い話だ。
➡まるで海のように深い話だ。

- コミュニケーションは双方向である。
➡コミュニケーションは、キャッチボールのようなものである。

- この汗拭きシートを使うと、爽快感を味わうことができる。
➡この汗拭きシートを使うと、まるでシャワーを浴びたような爽快感を味わうことができる。

◉隠喩……「のような」「みたいな」を使わずにたとえる。直接の表現が隠れている。

例文 隠喩

• あの人は繊細だ。
➡あの人はガラスの心を持っている。

• 彼は私にとっての憧れだ。
➡彼は私にとって輝く星だ。

• 社員は大切な存在である。
➡社員は家族である。

• 歩きすぎて足が疲れた。
➡歩きすぎて足が棒になった。

• 彼の人生にはいろいろなことがあった。
➡彼の人生はジェットコースターである。

• 彼は仕事に妥協しない。
➡彼は仕事の鬼である。

• 彼は、すぐに腹を立てる。
➡すぐに腹を立てるなんて、彼は子どもだ。

• あの人はいろいろなことを知っている。
➡あの人は歩く辞書だ。

◉擬人法……生物やものなど、人間ではないものを人間の言動にたとえる。現象をいきいきと描写できる。

例文 擬人法

- とても強い風が吹いている。
➡唸るような強い風が吹いている。

- 花は咲き、鳥は鳴いている。
➡花は笑い、鳥は歌っている。

- 今にも雨が降りそうだ。
➡今にも空が泣き出しそうだ。

- この健康飲料は体にいい。
➡この健康飲料を飲むと、あなたの体が喜びます。

- エンジンの調子が悪い。
➡エンジンが悲鳴を上げている。

- 電球がともっている。
➡電球がさみしそうにともっている。

- ついに火山が噴火した。
➡ついに火山が怒り出した。

- 台風がやってきた。
➡台風が襲撃した。

2 より強い印象を与えたいときは「隠喩」

　直喩と隠喩は何が違うのでしょうか。

　隠喩には、「のような」「みたいな」など、比喩を明示する言葉がついていません。

　隠喩は、「AはBである」と断定する表現なので、直喩よりも鋭く、強い印象を与えます。

例文1

子どもは笑顔を見せた。
- 直喩……子どもはまるで天使のような笑顔を見せた。
- 隠喩……子どもは天使の笑顔を見せた。

例文2

時間は大切である。
- 直喩……時間はまるでお金のように大切である。
- 隠喩……「時は金なり」である。

例文3

あの人は怖い人だ。
- 直喩……あの人は悪魔のような人だ。
- 隠喩……あの人は悪魔だ。

　隠喩は、**受け手によってさまざまな意味にとらえられかねません**。伝えたい意図とは違う意味で解釈されることもあります。

多摩大学名誉教授で小論文指導の第一人者といわれる樋口裕一さんは、比喩を使いこなしたいなら、**「まず直喩から」**と述べています。

「まずは直喩を使いこなせるようにして、そのあとで、『まるで……のようだ』を省略しても不自然ではないかを考えてみるとよい」（『人の心を動かす文章術』／草思社）

---

③ 知らないことは「知っていること」にたとえる

２つの異なるものに、類似性（似ている点）**、関連性**（関連している点）**を見つけ、それを結び付けて表現すると伝わりやすくなります。**

Ａという事象をＢという事象にたとえるときは、
「読み手がＢのことを知っている」
「ＡとＢが間違いなく似ている」
ことが前提です。

例文1 比喩のない例
　いろいろな個性を持つ人たちが力を合わせるからこそ、強いチームが完成します。

例文1 比喩がある例
　お城の石垣には、さまざまな形の石が使われています。形が違う石を組み合わせることで、頑丈な石垣ができ上がります。
　組織も同じです。
　いろいろな個性を持つ人たちが力を合わせるからこそ、強いチームが完成します。

「いろいろな人材がいる組織のほうが強い」ことを石垣にたとえ
ています。

石垣を知らない人もいるかもしれないので、「石垣がどのように
できているのか」を補足して理解をうながしています。

例文2 比喩のない例

法人における決算書は、どのようなお金の使い方をしてど
のような利益をあげたのか、会社の業績を数字であらわした
ものです。

例文2 比喩がある例

法人における決算書は、学生の成績通知表と同じです。

どのようなお金の使い方をしてどのような利益をあげたの
か、会社の業績を数字であらわしたものです。

勉強の成果が数字で評価されるように、会社の業績も数字
で評価されます。

決算書そのものを知らなくても、学校の成績通知表が頭に浮か
べば、どういうものなのか（経営にまつわる数字が掲載されていること）が、
おおよそ理解できると思います。

接続詞を「正しく」使う

Point
1 接続詞は「使いすぎ」も「使わなすぎ」もダメ
2 必ず入れたいのは「逆のこと」を書く場合

7位は、「接続詞を『正しく』使う」です。

接続詞とは、「文と文をつなぐ言葉」のことです。

接続詞を正しく使うと、前の文と後ろの文の関係性がはっきりするため、文意が理解しやすくなります。

『文章が劇的にウマくなる「接続詞」』(明日香出版社)の著者、山口拓朗さんは、接続詞を「ウインカー」にたとえています。

「接続詞の役割は、ずばり『クルマのウインカー』です。適切なタイミングで正しくウインカーを出すことによって、読む人に文章の行く先をさり気なく教えてあげることができます」

文章は、文と文がつながったものです。

「文A」と「文B」をつなげるとき、接続詞を入れることで、2つの文の関係性が明らかになります。

◆接続詞が示す2つの文の関係性

- **A だから B**……A が原因となって B になった（順接）ことがわか

る。

- Aだけど B……Aから予想される結果とは「逆の結果」になった（逆接）ことがわかる。
- Aまたは B……A以外にBという選択があることがわかる。

◉順接……前に述べたことが、あとに述べることの原因・理由となること。
◉逆接……前に述べたことを否定すること。

接続詞があると、読み手は**「後ろに続く文（文章）の展開」を予測して読む**ことができます。

たとえば、「しかし」があると、

「前の文（文章）とは逆の内容になる」

ことがわかるので、読み取りの負担が軽くなります。

1 接続詞は「使いすぎ」も「使わなすぎ」もダメ

接続詞の重要性について説いていたのは、100冊中20冊でした。20冊の著者は、全員、「接続詞を正しく使うと文章がわかりやすくなる」との意見で一致していました。

◆接続詞を使ったほうがいい4つの理由

- **接続詞で文をつなぐことで、論理展開を意識しながら書くことができる。**
- **接続詞を使ったほうが、論理が破綻しにくくなる。**
- **書き慣れていない人は、接続詞を使わずに文をつなぐのが難し**

い。
・接続詞のあとの文を強調できる。

『考える技術・書く技術』（講談社）の著者、板坂元さんは、全体を
ひとつづきの流れに見せ、段落がブツ切りになっている印象を与
えないように、つなぎ言葉（＝接続詞）を用いたほうがいいと主張
しています。
「大事なことをくり返したり、『しかしながら』『ところで』『つぎ
に』『これに反して』『このように考えてくると』などというつな
ぎことばを用いて、全体のまとまりをつけ、話の流れを途中で切
らないように、たえず配慮しなければならない」

　一方で、接続詞を使う頻度については、意見が分かれています。
「接続詞をもっと使うべき」と主張する著者もいれば、反対に、「接
続詞はなるべく少なくすべき」とする著者もいました。

◆接続詞を少なくしたほうがいい３つの理由
・文章がすっきりする。
・接続詞が多いと、文章の勢いや流れをさえぎってしまう。
・接続詞を使わなくても伝わるように書くことが、文章力向上の
　コツである。

　20冊の内容を踏まえて、「接続詞」の使い方をルール化してみ
ました。

接続詞の4つのルール

① なくても意味が通じる場合は、削除する。

② 「順接」（「だから」「それで」など）の接続詞は、なくてもいい場合がある。

③ 「逆接」（「しかし」「だけど」「でも」など）の接続詞は、あったほうが、文意が伝わりやすい（後述）。

④ 論文では、接続詞が多くなってもかまわない。論文は、整った日本語を書くこと以上に、「論理展開を正しく読者に伝える」ことが目的なので、必要なところにはしっかり入れる。

接続詞がなくても意味が変わらない例

- 父は経営者でもあり、また、マラソン選手でもある。
➡父は経営者でもあり、マラソン選手でもある。

- ルールを変更することになりました。なお、詳細は添付資料をご確認ください。
➡ルールを変更することになりました。詳細は添付資料をご確認ください。

- 料金を変更しました。したがって、次回より請求金額が変わります。
➡料金を変更しました。次回より請求金額が変わります。

- 今日は仕事が休みだ。だから、部屋の片付けをしよう。
➡今日は仕事が休みだ。部屋の片付けをしよう。

- 入場料は3,000円です。 ただし、 メンバーに限り無料でご入場いただけます。
→ 入場料は3,000円です。 メンバーに限り無料でご入場いただけます。

- 沖縄にはおいしい果物がたくさんあります。 たとえば、 マンゴー、パパイヤ、シークヮーサー、パイナップルなどです。
→ 沖縄にはおいしい果物がたくさんあります。 マンゴー、パパイヤ、シークヮーサー、パイナップルなどです。

2 必ず入れたいのは「逆のこと」を書く場合

「接続詞はできるだけ省いたほうがいい」と主張する著者でも、「逆接の接続詞」の必要性を認めています。逆接の接続詞は、「前の文とは反対の内容」「前の文からは予想できない内容」が後ろに続くときに使います。

そのため、逆接の接続詞を削ると、
- 文と文の関係性
- 前後のつながり
  が見えにくくなります。

おもな逆接の接続詞

しかし、 しかしながら、 だけど、 けれども、 ところが、
なのに、 にもかかわらず、 とはいうものの、 とはいえ、
それでも、 それなのに

接続詞のない例

彼は毎日10時間勉強した。大学受験に失敗した。

接続詞のある例

彼は毎日10時間勉強した。それなのに、大学受験に失敗した。

接続詞のない例

日本の大学進学率は増加傾向にあります。OECD各国平均を下回っています。

接続詞のある例

日本の大学進学率は増加傾向にあります。しかし、OECD各国平均を下回っています。

接続詞のない例

テレワークを導入する企業が増えてきている。テレワークが定着するのはまだ先ではないか？

接続詞のある例

テレワークを導入する企業が増えてきている。とはいえ、テレワークが定着するのはまだ先ではないか？

接続詞のない例

栄養のバランスがとれた食事は健康の基本である。実践するのは難しい。

接続詞のある例

栄養のバランスがとれた食事は健康の基本である。しかしながら、実践するのは難しい。

教育学者の小笠原喜康さんは、逆接の接続詞について、次のように述べています。

「論理的な文章は、前後の文の関係が明確でなくてはならない。接続詞はその関係をつくりだす。その意味では、必要なところには、しっかりと入れなくてはならない。だが、順接の場合は、文章を短くすると必要でなくなることもある。可能な限り接続詞を省く方がすっきりする」（『最新版　大学生のためのレポート・論文術』／講談社）

◆最初は接続詞を使って書き、あとから削る

　毎日新聞の記者出身で、サンデー毎日編集長も務めたジャーナリストの近藤勝重さんは、「接続詞の削り方」について、著書の中で次のように説明しています。

「最初に書く原稿は順接の『すると』『したがって』、逆接の『しかし』『ところが』、並立の『そして』『それから』『その上』などの接続詞それぞれが話の筋を作ってくれます。（略）
　でも、書き終えたのと同時に、その役目を終えているものがけっこうあるんですね。ご苦労さん、とひと言つぶやいて削ってやってください」（『書くことが思いつかない人のための文章教室』／幻冬舎）

　最初は、論理展開が破綻しないように、接続詞を気にせずに書きます。
　書き終わって読み直したときに、「なくても意味が通じるかな」と思った接続詞は削除します。

接続詞をうまく使う書き方のコツ

①接続詞を気にせず書く

……論理展開や文章の流れを重視する。

↓

②書き終えたあとで、「削れる接続詞はないか」を考える

……とくに順接の接続詞は削れることが多い。

↓

③削るか残すか迷ったときは、「残す」ようにする

……削りすぎて論理関係がわからなくなってしまっては、元も子もない。

縦書きと横書き、どちらが読みやすい？

◆本格的に横書きが定着したのは、昭和24年以降

　日本語には、文字を書き進める方向（書字方向）が2つあります。「縦書き」と「横書き（左横書き）」です。

　日本語には、漢字・ひらがな・カタカナの3種類の文字があります。いずれも字形が正方形なので、縦方向にも横方向にも続けて書くことができます。

- 縦書き……新聞、マンガ、小説など。
- 横書き……ビジネス文書、SNS、インターネット記事、
　　　　　　教科書（国語以外）、ノートなど。

　雑誌の場合、「本文は縦書きで、見出しやキャプション（写真、イラスト、図表の説明文のこと）は横書き」にすることもあります。

　日本語学者の屋名池誠さんによると、日本語の横書きが登場したのは、幕末・明治初期だそうです。欧米の文化が伝えられたことで、一般庶民でも数字や横文字を見ることが多くなりました。

　ビジネスシーンで本格的な横書き化が始まったのは、1949年（昭和24年）4月5日以降です。「公用文作成の基準について」という内閣の指示文書の中に、「一定の猶予期間を定めて、なるべく広い範囲にわたって左横書きとする」と定められています。

　昭和29年10月に発行された『国語問題問答　第２集』（文部省／光風出版）には、「左横書き」のメリットについて、次の９つが挙げられていました（当時と今では様式は異なりますが、参考までに紹介します）。

- 書きやすい

　縦書きと違い腕を浮かせないで書けるので、書きやすい。

- 書いた跡をこすらないですむ

　インクやカーボン紙を使う場合、こすらないですむので、手や文書が汚れない。

- 書き終わった部分が見える

　書き終わった部分が見えるので、前の部分を見ながら文案を考えることができる。

- 数式・ローマ字の書き方と一致する

　英数字を書く場合、縦書きよりも横書きのほうが読みやすい。

- 用紙の節約になる

　箇条書きや段落の多い文書では、横書きのほうが用紙の余白を節約できる。

- つづりこみを統一することができる

　会計資料、設計図、統計書、欧文の文書を一緒にとじるときに便利である。

- 書類を参照するときめくりやすい

右手にペンを持ちながら、左手でページをめくることができるので能率的である。

- （必要な書類を）検出しやすい

横書きの公用文は、文書番号、発信者名、件名などが端^{はし}のほうに書かれているため、必要書類を検出するのに都合がよい（縦書きではとじ目近くに書かれることになり不便）。

- 読みやすい

慣れると縦書きよりも読みやすい。実験結果からいっても、縦書きよりも横書きのほうが読みやすいという報告は出ているが、その反対の報告はまだ出ていない。

◆横書きのほうが読みやすい理由は、眼の動きにある

文部省（現・文部科学省）は、昭和20年代に「横書きのほうが読みやすい」と説明しています。インターネットが普及した現代でも、「横書きのほうが、読みやすい」という声を聞きます。

横書きのほうが本当に読みやすいのでしょうか。

『臨床眼科』（60巻7号／2006年7月／医学書院）に掲載された「縦書き・横書き文章における読書時の眼球運動の比較」という記事の中に、ヒントが見つかりました。

19〜23歳を対象に「読みやすさ」の検証を行なった結果、「視線移動の速度は横書きのほうが速く、固視^{こし}回数は縦書きのほうが有意に多かった。自覚的には横書きのほうが読みやすいという回

答が多かった」そうです。

　固視とは、「じっと見る」「集中して見る」こと。縦書きのほう
が「文字に目が留まる」回数が多くなるため、「読みにくく感じ
る」ようです。

『本がどんどん読める本』（講談社）や『本の中身が頭に入ってこな
い人のための読書のルール』（KADOKAWA）の著者、園善博さんも、
「横書きのほうが読みやすい」
　と教えてくださいました。目は左右についていて、しかも細長
い（横に長い）形をしているため、「生理的にも横に読むほうが目を
動かしやすい」ことが要因のひとつです。

　眼の動きから考えると、「精読してほしいとき」は縦書き、「気
軽に読んでほしいとき」は横書きが適しているといえそうです。

　本書は、横書きです。多くの読者に、「書き方の参考書として、
親しんでいただきたい」との思いから、「読みやすさ」「気軽さ」
を優先しました。

　単行本の場合、縦書きよりも横書きのほうが1ページの文字数
は多くなるのが一般的です。その分、情報量も多くなります。「1
ページの情報量を増やし、それでいて読者に窮屈さや読みにくさ
を感じさせない」ように、横書きにしています。

◆横書きがいい場合、縦書きがいい場合

　出版や印刷の現場や実際のビジネスシーンでは、縦書きと横書
きの違いはどのように解釈され、使い分けられているのでしょう
か。

横書きが向いている場合

- パソコンやスマホの画面上で読んでいる文章（ネット小説やブログなど）をそのままの形態で書籍化するとき。

- 英数字を多用するとき。

- ビジネス文書、公用文、実用文、メールを書くとき。

- 写真やイラスト、図表のキャプションを書くとき。

縦書きが向いている場合

- 内容を精読してもらいたいとき。

- 新聞、文芸書、ビジネス書を書くとき。

- シニア層（横書きよりも縦書きに慣れている層）に読んでもらいたいとき。

　ちなみに、本書の筆者、藤吉と小川がビジネス書の原稿を書くときは、いったん「横書き」で原稿を作成し、推敲の段階で縦書きに変換しています。

　最初から縦書きにしないのは、

- 「横書きのほうが慣れているから」
- 「横書きのほうが、目で文字を追いやすいから」
- 「横書きで書いた原稿を縦書きで出力すると、見え方が変わるので、客観的に推敲ができるから」

　です。

Part.2

100冊がすすめる
スキルアップ
「13のポイント」

ランキング **8〜20位**

思いつきはメモに、思考はノートにどんどん書く

Point

1 いつでもメモを取れるようにしておく

2 「アイデアの浮かびやすさ」は場所によって違う

3 書き出したメモやノートを整理して文を組み立てる

　8位に輝いたのは「思いつきはメモに、思考はノートにどんどん書く」です。

「アイデアをカードに残しておく」「ひらめいたことをメモする」「すべての情報を1冊のノートにまとめる」など、やり方はそれぞれですが、文章のプロたちの多くが、「メモを取ること」「ノートにまとめること」の大切さを訴えています。

　なぜ、「メモを取ること」「ノートにまとめること」がそれほど大切なのでしょうか。

　文章を書く作業は、大別すると次の2つのプロセスです。

- **ネタ、情報を集める**
- **書く**

「ネタ、情報を集める」というプロセスにおいて、メモやノートに残すことは欠かせません。

　武蔵野美術大学非常勤講師の花村太郎さんは、「原稿を書くため

の執筆術のためには、メモやノートをとるトレーニングをつんで
いることがぜひとも必要だ」（『知的トレーニングの技術〔完全独習版〕』／
筑摩書房）と述べ、その理由として次の２点を挙げています。

(1)「自分の思考を紙の上に定着させることのできないものが、他
　　人にわからせる文章を書けるはずがない」

(2)「メモやノートは、原稿執筆の段階で、材料（データ）として役
　　だてることになる」

　ほかの著者も、「執筆の材料になるから、メモやノートに残す」
という考えは共通しています。

1 いつでもメモを取れるようにしておく

　では、文章のプロたちは、何を、どのようなものに残している
のでしょうか。

◆メモしていること、ノートにまとめている内容

- 思いついたアイデア
- 気づき
- TODO（しなければならないこと）
- スケジュール
- 読んだ本の抜粋、読書のまとめ
- 日誌
- 講演や会議の記録

- ノート
- カード
- メモ帳
- スマホ

何に残しているかはさまざまですが、いつでもメモが取れるように、常に筆記用具とメモ帳類を持ち歩いていることは共通しています。

なぜなら、**いいアイデアがいつどこから浮かぶかわからない**からです。また、頭の中に浮かんだものは、消えてしまいやすく、消えると再び浮かんでこないこともあります。

精神科医の樺沢紫苑さんは、「放っておくと30秒〜1分で忘れてしまう」「『気付き』を得たら30秒以内にメモをとろう」（『学びを結果に変えるアウトプット大全』／サンクチュアリ出版）と書いています。

2 「アイデアの浮かびやすさ」は場所によって違う

アイデアが浮かびやすいといわれる場所では、とくにメモは必携です。

では、アイデアはどんな場所で浮かびやすいのでしょうか。

外山滋比古さんは、『思考の整理学』（筑摩書房）の中で、「三上」という話に触れています。

中国・北宋時代の欧陽修という人が、文章をつくるときにすぐれた考えが浮かぶ場所として、「三上」を挙げた、という内容です。三上とは、すなわち、

- 馬上（馬に乗っているとき）
  <ruby>馬<rt>ば</rt></ruby><ruby>上<rt>じょう</rt></ruby>
- 枕上（布団に横になっているとき）
  <ruby>枕<rt>ちん</rt></ruby><ruby>上<rt>じょう</rt></ruby>
- 厠上（トイレにいるとき）
  <ruby>厠<rt>し</rt></ruby><ruby>上<rt>じょう</rt></ruby>

です。馬上は今でいうと、通勤電車の中といえます。

　また、樺沢紫苑さんは、「創造性の4B」について触れ、アイデアが生まれやすい場所として、

- Bus（バス。移動しているとき）
- Bed（ベッド。寝ているとき、寝る前、起きたあと）
- Bathroom（風呂。トイレも含む）
- Bar（バー。酒を飲んでいるとき）

を紹介しています。

　アイデアが湧いたらすぐにメモが取れるように、これらの場所に行くときは、とくに筆記用具を忘れず携帯するといいでしょう。

　トイレや枕元にはあらかじめメモを置いておく、というアイデアもありました。

③ 書き出したメモやノートを整理して文を組み立てる

　メモやノートの活用方法は、大きく２つに分けられます。

- **アイデアや要素出し**
- **情報の整理**

ひとつは、書くためのアイデアや要素出しです。

ぱっとひらめいたこと、頭の中に入っているアイデアを、手あたり次第にどんどんメモに書き出します。順番や使えるか使えないかは考えなくていいですが、１枚にひとつの内容だけにすると、あとで整理するときに楽になります。

すべて出し尽くしたら、順番やグループを考えて、文章化していきます。文章のプロたちも、次のように書いています。

「小説のアイディアを思いつくと、ぼくはカードに書いています。（略）一つのカードに書くのは、一つのアイディアと決めています」
（夢枕獏『秘伝「書く」技術』／集英社）

「（池上彰さん）とりあえず書きたい内容を思いつく限り、メモとして原稿に置いておく。そして、その要素の順番を『ああでもない、こうでもない』と入れ替えることで、原稿が作れればいいんです」
（池上彰・竹内政明『書く力』／朝日新聞出版）

まとめると、アイデアメモをもとにした文章のつくり方は、次の「３ステップ」になります。

　メモをもとにした文章のつくり方３ステップ
① １枚につきひとつの内容でどんどんアイデアを書いていく。
② 出し尽くしたら、グループ分けや、順番を決める。
③ ②をもとに書き始める。

◆情報の整理のためのメモ・ノート術

もうひとつは、情報を整理するためのメモ、ノート術です。

作家で元外務省主任分析官の佐藤優さんは、「私がすすめる情報整理法は、『手書き』が基本である。使うノートは『1冊』だけだ。スケジュールをはじめ、今日やるべき仕事のリスト、日誌、執筆のためのアイデア、さらには読んだ本の抜粋や、ロシア語の練習問題まで、あらゆることを記している」(『調べる技術　書く技術』／SBクリエイティブ)と述べています。

前出の樺沢紫苑さんも、ノートは1冊にまとめていると書いています。
また、メモを取ることで、「言語化能力の向上につながる」と語っているのは、実業家の前田裕二さんです。
「メモをとるということは、同時に、『言葉にせねばならぬ』ということを意味します。(略)メモをとるためには、頭の中でぼんやりと思っていることを、ノートの上なり、スマホの中なりに、『言葉にして』、アウトプットせねばなりません。メモを癖にしてしまえば、言葉にすることから逃げられなくなります」(『メモの魔力』／幻冬舎)

メモ術、ノート術に特化した本は数多く出版されています。
文章力をさらに鍛えたい場合は、そうした本を何冊か読み、自分に合った方法を見つけるといいでしょう。

「正確さ」こそ、文章の基本

Point

1 どんな文章も、第一の役割は「伝えること」

2 誤解なく書く、すべて書く

3 理解している内容だけを、ルールを守って書く

....

９位は「『正確さ』こそ、文章の基本」です。

文章が情報伝達のツールである以上、間違ったことを書かないようにしなければなりません。

生態学者で京都大学名誉教授の梅棹忠夫さんは、「今日、すべての人にとって必要な、知的生産のための基礎技術としての文章は、ひとに感動をあたえるような、芸術的な文章ではない。ものごとと、思想とを、まちがいなく、わかりやすく、ひとに伝達できるような、機能的な文章なのである」（『知的生産の技術』／岩波書店）と述べています。

1 どんな文章も、第一の役割は「伝えること」

なぜ、「正確にわかりやすく書く」ことが大切なのでしょうか。

それは、文章の基本的な働きが、「伝えること」だからです。

日記や自分用のメモなどは別にして、文章は、読む相手がいます。「相手」に伝わってはじめて、役割を果たします。

あいまいさや間違いがないことが、文章には要求されます。

作家で英文学者の丸谷才一さんは、『文章読本』（中央公論新社）の中で次のように述べています。

「たとへ冗長だらうと、同じ言葉が何度も出て来て見苦しからうと、それで一応のところまあ通用するのである。（略）逆に、どんなに美辞麗句を並べ立て、歯切れがよくても、伝達の機能をおろそかにしてゐる文章は名文ではない。駄文である」

正確に、わかりやすく書かれていないと、相手には伝わりません。

したがって、美しさよりも、文章の歯切れのよさよりも、正確さ、わかりやすさが重視されます。

明治から昭和にかけて活躍した文豪、谷崎潤一郎も**「文章の要は何かと云えば、自分の心の中にあること、自分の云いたいと思うことを、出来るだけその通りに、かつ明瞭に伝えることにあるのでありまして、手紙を書くにも小説を書くにも、別段それ以外の書きようはありません」**（『文章讀本』／中央公論新社）と書いています。

2 誤解なく書く、すべて書く

では、正確でわかりやすい文章の条件は何でしょうか。

文章のプロたちの記述をまとめると、以下になります。

- 誤解なく伝える
- 必要な情報がすべて書かれている

たとえば、

×悪い例
吉田さんは岡本さんのように長い時間泳げない。

と書いた場合、岡本さんは長い時間泳げるのか、それとも泳げないのかがはっきりしません。
　仮に、吉田さんと岡本さんが、ともに、長い時間は泳げないのであれば、次のように文章を書き直す必要があります。

改善例1
吉田さんは、岡本さんと同様に、長い時間泳げない。

　岡本さんは長い時間泳げるけれど、吉田さんは泳げない場合は、次のように修正します。

改善例2
吉田さんは、岡本さんが泳ぐように、長い時間泳げない。

◆情報に抜けや漏れがあってはいけない

イベント開催のお知らせとして、下記のような案内が届いたらどうでしょうか。

×悪い例

○○さんの誕生日会を下記の通り開催します。

- 日時：○月○日（木）14時〜18時
- 最寄り駅：△△海浜公園駅
- 会費：3000円

出欠を3月20日までに田中宛にメールでお知らせください。
田中メールアドレス：tanaka@△△.jp

この文章には「開催場所」が抜けています。

このように必要な情報がすべて書かれていないと、読み手が混乱することになります。

イベント開催のお知らせに限らず、社内外のメールのやりとりなどにおいても、情報の抜けや漏れがないように注意しましょう。

3 理解している内容だけを、ルールを守って書く

では、わかりやすい文章を書くには、どうすればいいでしょうか。

ポイントは、次の2つです。

- 理解している内容だけを書く
- 文章の決まりに従って書く

　書き手が内容を理解していない場合、読み手に理解させる文章は書けません。

　難しい言葉をわかりやすい表現にするなどしてわかりやすく書けるのは、書き手自身が深く理解しているからです。

◆文章の決まりに従って書く

　本多勝一さんは、『〈新版〉日本語の作文技術』（朝日新聞出版）の中で、「『わかりやすい文章』も、技術である以上だれにも学習可能なはずだ」と述べています。

　文章の技術が身につくと、正確でわかりやすい文章を書くことができるようになります。

×悪い例

あしたからおきなわに行くよていだなはでくらすゆうじんに電話をした明日ごご二時着の便で到着します。迎えお願いできますかもちろん予定をあけてまってたわ2時前には空港にいってるねきをつけてゆうじんはでんわを切る前に羽田空港でうっているめいかの名をあげ、かえたらかってきてねとお土産をりくえすとするのを忘れなかった

○良い例

　明日から沖縄に行く予定だ。那覇で暮らす友人に電話をした。
「明日、午後２時着の便で到着します。迎え、お願いできますか？」
「もちろん、予定を空けて待ってたわ。２時前には空港に行ってるね。気を付けて」
　友人は電話を切る前に、羽田空港で売っている名菓の名を挙げ、
「買えたら買ってきてね」
　とお土産をリクエストするのを忘れなかった。

　悪い例は、下記に挙げたいくつかの文章のルールを無視して書かれているためにわかりにくくなっています。

- 文章の最初は１字下げる。
- 文章の切れ目には、「、」「。」（句読点）をつける。
- 「二」「２」が混在しているので表記を統一する。
- 会話は「　」（かぎカッコ）でくくる。
- すでに定着している外来語は、カタカナに変える。

　文章の決まりを守るだけでも文章はわかりやすくなり、正確に伝えることができます。

「名文」を
繰り返し読む

Point

1 「こんなふうに書きたい」と思える
「自分にとっての名文」を見つける

2 「これだ！」と思う本は繰り返し読む

　文章がうまくなりたいのであれば、手本となる名文を読むことです。名文、すなわち、すぐれた文章で書かれた本を読むメリットは、おもに３つあります。

◆名文を読む３つのメリット

（1）語彙を増やせる。

（2）言葉づかいを学べる。

（3）文章のリズムを身につけられる。

　文章は、多くの言葉によって綴られています。本を読むことで新しい言葉との出合いがあり、語彙を増やせます。

　作家、評論家として活躍し、芥川賞や谷崎潤一郎賞など多くの文学賞も総なめにした丸谷才一は、次のように説いています。

　「われわれはまつたく新しい言葉を創造することはできないのである。可能なのはただ在来の言葉を組合わせて新しい文章を書くことで、すなはち、言葉づかひを歴史から継承することは文章を

書くといふ行為の宿命なのだ」（『文章読本』／中央公論新社）

　言葉は自分で新しく生み出すことはできません。だから、先人たちの使った言葉を学んで身につけるしかありません。

　また、文章はリズムも大切ですが（48ページ参照）、名文にあたることで、心地よい文章のリズム感が身についてきます。

---

1 「こんなふうに書きたい」と思える 「自分にとっての名文」を見つける

　では、名文をどう選べばいいのでしょうか。
　選び方は2通りあります。

> ### 名文の選び方
> ● 自分が好きな本を読む。
> ● 文章の先達たちが学んだ本を読む。

　読み手によって文章の好き嫌いがあります。**自分が「おもしろいな」「好きだな」「こんな文章を書いてみたい」と思った文章があれば、それが自分にとっての名文です。**
　自分が好きな本を選んでみましょう。

　好きだと思える本がない。何を選べばいいかわからない。そういう場合は、文章の達人たちが触れた名文をお手本にするのも手です。
　100冊の本には、達人たちが繰り返し読み、実際にお手本とし

ていた作家や名著や、おすすめの名文が紹介されていました。

その一部をまとめましたのでお手本選びの参考にしてください。

100冊の本に登場する「お手本にしたい作家と本」

作家・著者	手本にした（またはおすすめの）本、作家	出典
森鷗外（もり おうがい）	『春秋左氏伝』（しゅんじゅうさしでん）	『文章読本』（丸谷才一）
伊丹敬之（いたみ ひろゆき）	福田恆存、山崎正和、司馬遼太郎（ふくだつねあり、やまざきまさかず、しばりょうたろう）	『創造的論文の書き方』（伊丹敬之）
大岡昇平（おおおかしょうへい）	『パルムの僧院』（スタンダール）『坊ちゃん』（夏目漱石）（なつめそうせき）	『文章のみがき方』（辰濃和男）
池上彰	『検察官』（ゴーゴリ）	『書く力』（池上彰・竹内政明）
夢枕獏	『桜の森の満開の下』（坂口安吾）（さかぐちあんご）『司馬遼太郎が考えたこと』（司馬遼太郎）	『秘伝「書く」技術』（夢枕獏）
樋口裕一	向田邦子、遠藤周作、林真理子（むこうだくにこ、えんどうしゅうさく、はやしまりこ）	『ホンモノの文章力』（樋口裕一）

　なかには、文体が古くて読みづらいと感じる本もあるかもしれません。しかし、読みづらいというだけで除外してしまうのは考えものです。なぜなら、読みづらい本に挑戦することで、自分に負荷をかけることができるからです。

　筋肉をつけるときに少し重い負荷をかけてトレーニングを繰り返すように、**自分が少し難しいと感じる本に挑戦していくことで、文章力は養われていきます。**

2 「これだ！」と思う本は繰り返し読む

ひと言で文章といっても、いろいろな文体があります。語彙を増やしたり、リズムを学んだり、読書を楽しむ、という意味では、多くの本を読むのも悪くありません。

ただ、文章術を身につけたいのであれば、多読よりもむしろ、「これだ！」と思う「すぐれた文章が書かれた本」を繰り返し読んで、自分の中に取り込んでいくほうが効果的です。

どんなスポーツでも楽器演奏でも、同じことを何度も繰り返すなかで技術が身についていきます。文章も同様です。

同じ本を「繰り返し読む」ことで、血となり肉となっていきます。

作家の村上春樹さんは、『若い読者のための短編小説案内』（文藝春秋／文章術の本ではないので、100冊のリストにはありません）の中で、アメリカの大学で日本文学を教えていたときのことを書いています。

そのとき村上さんは、学生たちに、

- 何度も何度もテキストを読むこと。
- そのテキストを好きになろうと努力すること。
- 読みながら疑問点をリストアップしていくこと。

という注文を出したそうです。この3つは、「真剣に本を読み込むにあたって、僕自身が常日頃心がけているポイントでもある」とも述べています。

11位 主語と述語はワンセット

Point
1 主語と述語をセットにする
2 主語と述語はなるべく近づける
3 主語を自分勝手に省略しない

10位と僅差で11位になったのは、主語と述語の位置関係についての項目です。文は主語と述語から成り立っています。主語と述語はワンセットでとらえましょう。

> ●主語……説明のもとになっている言葉。「誰が（は）」「何が（は）」にあたる。
> ●述語……主語を受けて、説明している言葉。「どうした（どうする）」にあたる部分。動作、作用、性質、状態などを示す。

主語と述語の組み合わせの基本は次の3つです。

主語		述語
● 何が（誰が） 　　鳥が	➡	どうする 鳴く。
● 何が（誰が） 　　空が	➡	どんなだ 曇っている。
● 何が（誰が） 　　これは	➡	なんだ 本だ。

主語と述語は、文章の枠組みをつくります。 そのため、「主語と述語が対応していない」「主語と述語が離れている」「主語がない」となると、理解しづらい文章になってしまいます。

1 主語と述語をセットにする

主語を書いたら、必ず、対応している（セットになる）述語があるか、確認します。

ない場合は、述語を補足するか、文章を分けます。

✕悪い例

私は、結婚記念日に食事をしたかったレストランは海沿いでした。

○良い例1

私は結婚記念日に海沿いのレストランで食事をしたいと思っていました。

○良い例2

私は結婚記念日にあるレストランで食事をしたいと思っていました。そのレストランは海沿いにあります。

悪い例 は、「私は結婚記念日に食事をしたかった」と「レストランは海沿いでした」という2つの文章が交じっています。

そこで、**良い例1** では「私は」に対応する「思っていました」という述語を補足しました。

良い例2 では、文章を2つに分けてそれぞれに「主語」と「述語」を置きました。

主語と述語が対応しない原因のひとつは、ひとつの文に内容を詰め込みすぎているからです。

戸田山和久さんも、「**そもそも、一つの文にいろいろ詰め込みすぎる『イカめし文』が元凶だ。文が膨れあがるのをつねに警戒し、複数の文に分けて書くことはできないかと考える**」（『新版 論文の教室』／NHK出版）と指摘しています。

2 主語と述語はなるべく近づける

主語と述語が離れていると、どの主語がどの述語に対応するのかわかりづらくなります。主語と述語はできるだけ近づけるようにします。

✕悪い例

山田さんが、子どもたちが林間学校に出かけていていないので、週末に天気がよければ佐藤さんに声をかけて3人で高尾山に登ろうと誘ってくれた。

○良い例

子どもたちが林間学校に出かけていていない。もし、週末に天気がよければ、佐藤さんに声をかけて、3人で高尾山に登ろうと、山田さんが誘ってくれた。

　悪い例は、主語の「山田さんが」に対する述語が離れすぎています。途中で「出かけていて」「声をかけて」などの述語が出て来て、「山田さんが」に対応する述語がわかりにくくなっています。
　良い例では、文章を2つに分け、「山田さんが」に対応する「誘ってくれた」を近づけました。

③ 主語を自分勝手に省略しない

　主語がないと、「何が」「何は」がないため、文章がわかりにくくなります。

×悪い例

　2100年には109億人になると予想されています。

○良い例

　2100年には、世界の人口は、109億人になると予想されています。

　悪い例は、「何が」にあたる部分がなく、何について述べられているのかがわかりません。**良い例**では主語を入れ明確にしました。

　主語と述語を明確にすることで、文章はわかりやすくなります。
　ただし例外的に、同じ主語が続くときは、省略したほうが読みやすくなることもあります（29位で詳述します）。

語彙力をつけろ、辞書を引け

1 語彙が増えれば、より正確に伝えられる
2 わからない言葉があれば、すぐに辞書を引く
3 紙の辞書とオンライン辞書を使い分ける

　12位は「語彙力をつけろ、辞書を引け」です。

　100冊の中に「語彙力をつけること」「辞書を引くこと」について述べている本は、18冊ありました。

> ◉語彙力……その人がもっている単語の知識と、それを使いこなす能力。（『デジタル大辞泉』）

　単語を知っており、それを使いこなせてはじめて、語彙力があるといえます。

1 語彙が増えれば、より正確に伝えられる

　文章のプロが、「語彙を増やすこと」をすすめているのは、おもに３つの理由からです。

◆語彙力をつけたほうがいい3つの理由

（1）正確に説明できる

　物事を説明するときに、頭の中で考えていることを的確な言葉を選んで表現できる。相手も正確に理解できる。

（2）理解力が上がる

　語彙を豊富に知っていると、本を読んだときや人の話を聞いたときに、内容を深く理解できる。

（3）豊かに表現できる

　同じ言葉の繰り返しが減り、表現力が豊かになる。

✕悪い例

　映画『カメラを止めるな！』はおもしろかった。とくに、ラストシーンがおもしろかった。とてもおすすめの作品だ。

○良い例

　映画『カメラを止めるな！』はおもしろかった。とくに、ラストシーンが意外で目を疑うほど。一押しの作品だ。

● おもしろかった→意外で目を疑うほど

　悪い例は、2回「おもしろかった」と同じ表現が出てくるため、文章が稚拙な印象です。ほかの言葉で「どうおもしろかったのか」を具体的に説明したほうが、イメージしやすくなります。

　ただし、映画や小説などはクライマックスを説明しすぎると、ネタバレになってしまうので、注意が必要です。

● とてもおすすめ→一押し

「とてもおすすめ」も悪くはありませんが、平凡な印象を与えます。「できるだけ平凡な表現を避ける」という気持ちで、言葉の言い換えをしましょう。

　また、『語彙力がないまま社会人になってしまった人へ』（ワニブックス）の著者で大東文化大学文学部准教授の山口謠司さんは、「**どんなに能力がある人でも、稚拙な表現をしていたり、思慮の浅そうな表現をしてしまえば、社会人としてのレベルを低く見積もられてしまう**」と書いています。

　語彙力が「ある」か、「ない」かによって、社会人としての評価が左右される場合があるのです。

2 わからない言葉があれば、すぐに辞書を引く

　語彙力を高めたいときに、もっとも役立つのが辞書です。

　物理学者で日本語教育の著書も多い木下是雄さんは、次のように言っています。

　「**読者は、今日以後、他人に見せるものを書くときには必ず机上に辞書をおき、『この字はこれでいいのかな』、『この言葉はこういう意味に使ってもいいかな』と、チラとでも疑問を感じたら即座に辞書をひらく習慣をつけるべきである。この手間を惜しむ、惜しまぬが筆者に対する評価を左右する場合があることを、心の片隅に留めておくといい**」（『理科系の作文技術』／中央公論新社）

　辞書を引くメリットには次の４つがあります。

◆辞書を引く4つのメリット

（1）同音異義語に悩んだときに正しい言葉がわかる

同音異義語とは、発音が同じで意味が異なる語のことです。たとえば、「意思」と「意志」、「賞賛」と「称賛」などがあります。

同音異義語の中で、どの言葉を選べばいいか迷ったとき、辞書を引くと答えがわかります。

（2）言葉の正しい意味がわかる

意味があいまいな言葉や、間違った言葉を使った文章は、相手に伝わりません。文章を書いていて、「これを表現するのに、この言葉で間違っていないかな」と思ったとき、辞書を引けば意味を正しく理解することができます。

（3）言葉の正しい使い方がわかる

たいていの辞書には用例が出ています。用例を見ていくと、正しい使い方が身につきます。

（4）語彙が増える

新聞や本を読んだり、人と話をしているとき、わからない言葉が出てきたら、必ず辞書を引くようにします。すると、自分が文章を書くときや話すときに使える言葉を増やせます。

3 紙の辞書とオンライン辞書を使い分ける

辞書には紙、電子辞書、インターネット上のオンライン辞書があります。それぞれの特徴をまとめます。

（1）紙の辞書
- 一覧性がある。目指す言葉を調べる過程で、開いたページのほかの言葉も目に入るので、ついでに周辺の言葉を覚え、より多くの学びになる。
- 付箋をつけたり、マーカーで印をつけたり、補足したい情報を書き込みしたりできる。

（2）電子辞書
- 検索性が高く、速く調べられる。
- 紙の辞書より軽く、持ち運びしやすい。
- 文字を拡大できるため、見やすい。

（3）オンライン辞書（アプリを含む）
- 無料もある。
- スマホがあれば、調べたいときにすぐに検索できる。
- 発音がわかる音声データを収録しているなど多機能。

　それぞれにメリット、デメリットがあります。ひと通り試して、自分の使いやすいものを選ぶといいでしょう。

　文章の達人たちは、どんな辞書を使っているのでしょうか。100冊の本で具体的に書名が挙げられていた辞書の一部を紹介します。

文章の達人たちが使っている辞書

作家	使っている辞書	出典
木下是雄	『学研国語大辞典』(学研プラス)	『理科系の作文技術』
佐藤優	『ジャパンナレッジ』(ネットアドバンス運営／オンライン事典・辞書サイト)	『調べる技術 書く技術』
辰濃和男	『角川必携国語辞典』(角川書店) 『朝日新聞の用語の手引』(朝日新聞出版) 『逆引き広辞苑』(岩波書店) 『三省堂類語新辞典』(三省堂)	『文章のみがき方』
戸田山和久	『日本語使いさばき辞典　時に応じ 場合に即し 改訂増補版』(あすとろ出版) 『角川類語新辞典』(角川書店) 『デジタル類語辞典　第7版』(ジャングル) 『類語大辞典』(講談社) 『使い方の分かる類語例解辞典 新装版』(小学館)	『新版 論文の教室』

◆期待以上に便利な「類語辞典」

　国語辞典に加えて「類語辞典」をすすめる本も目立ちました。

　類語辞典は、同じ意味や似た意味を持つ言葉をまとめた辞典です。たとえば、講談社の『類語大辞典』で「喜ぶ」という字を引くと、「大喜び」「歓喜する」「狂喜する」「驚喜する」「随喜する」「喜悦する」など、似た意味の言葉が出てきます。

　類語辞典は次のようなときに使うと便利です。

・同じ言葉が繰り返されるのを避けたいとき。
・似た意味でも、もっと違う表現にしたいとき。

「、」「。」を
テキトーに打たない

Point
1 テン（読点）の８つのルールを覚える
2 リズムの良い場所、呼吸をする場所でテンを打つ

　句点（「。」いわゆる「マル」）と読点（「、」いわゆる「テン」）を２つあわせて「句読点」といいます。
　句読点には、「文章の意味を明確にする」「リズムを刻む」といった、文章にとって重要な役割があります。

　「文章を書くとき、句読点をいい加減にしていては上達しない、とよく言われる。日常の走り書き、自分だけの心覚えをするときでも、句読点に心を配るようにしたいものである」（外山滋比古『知的文章術』／大和書房）

　マルは文の終わりにつけます。文章を書いているときに、迷うのはテンの位置です。テンの基本ルールがありますので、覚えて打つようにしましょう。

1 テン（読点）の８つのルールを覚える

　まず、例を見ていきます。

✕悪い例

　生まれてはじめてフランス料理のフルコースを食べて感激
しました。

改善例1

　生まれてはじめて、フランス料理のフルコースを食べて感
激しました。

　悪い例 は、そのままだと複数の意味に取れます。

・意味①

　いままでもフランス料理のフルコースを食べたことはあるけれ
ど、「(今回) 生まれてはじめて感激した」。

・意味②

「(今回) 生まれてはじめてフランス料理のフルコースを食べた。そ
のことが感激だった」

　意味①を表現したい場合は、**改善例1** のように「はじめて」
の後ろにテンを打ちます。意味②を表現したい場合は、下記のよ
うに打ちます。

改善例2

　生まれてはじめてフランス料理のフルコースを食べて、感
激しました。

◆誤解されない文章を書くためのテンのルール

　テンの打ち方には基本ルールがあります。以下の８つのルールを覚えておきましょう。

テンの８つのルールと例文

①文の切れ目に打つ

　姉の家族が遊びに来たので、祖父は喜んだ。

②修飾する文章が長いとき、そのあとに打つ

　昨夜は借りてきたビデオを遅くまで観ていたので、今朝は眠い。

③対等に語句を並べるときに打つ

　家族も、友人も、同僚も、みんなが彼を心配していた。

④接続詞、逆接の助詞のあとに打つ

　今はいい天気だが、明日は大雨の予想だ。

⑤挿入された語句の前後や文節を区切るときに打つ

　今日の会議のテーマは、先日お伝えしたように、来期の予算についてです。

⑥引用を示す「と」の前に打つ

　歴史は繰り返される、と先生が言った。

⑦感動詞や呼びかけの句のあとに打つ

　ねえ、私の話を聞いている？

⑧修飾する語とされる語の関係を明確にするために打つ

　生まれてはじめてフランス料理のフルコースを食べて、感激しました。

　ただし、上記の通りに打たなかったからといって、間違いではありません。近藤勝重さんは『書くことが思いつかない人のため

の文章教室』（幻冬舎）の中で、「テンはすらすら読めて、意味もよくわかるように打たれていればいいわけです」と書いています。

2 リズムの良い場所、呼吸をする場所でテンを打つ

谷崎潤一郎は「句読点と云うものも宛て字や仮名使いと同じく、到底合理的には扱い切れないのであります。（略）読者が読み下す時に、調子の上から、そこで一と息入れて貰いたい場所に打つことにしております」（『文章讀本』／中央公論新社）と述べています。

日垣隆さんも「敢えて呼吸をせずに一気に読んでもらいたい箇所には句読点を打たず、リズムとして一呼吸置いてほしいというところに句読点を打つのが原則です」（『すぐに稼げる文章術』／幻冬舎）と書いています。

文章を書くのに慣れてきたら、リズム感や呼吸をする場所を意識して、テンを打つといいでしょう。

それでもテンを打つ位置に迷ったら、どうしたらいいでしょうか。スクール東京の『悪文・乱文から卒業する　正しい日本語の書き方』（ディスカヴァー・トゥエンティワン）にヒントがあります。
「声に出して読み、
① 『読点を打てば、読みやすくなるかどうか』
② 『読点を打てば、誤解を招かなくなるかどうか』
　を確かめる」
声に出すと、リズムもわかります。テンに迷ったら、自分の文章を音読してみましょう。

14位 段落は
こまめに変える

Point

1 改行のタイミングは、内容や呼吸の切れ目

2 5〜6行、文章が続いたら改行を入れる

3 ブログやSNSでは2〜3行で改行する

　文章は読み手に伝わることが使命です。改行がなく、長い文章が続くとどうなるでしょうか。改行がないと、

- 内容の切れ目がわからず、理解するのに苦労する。
- 文字がぎっしり詰まって見えるので、とっつきにくい。
- 息をつく場所がないので、途中で読みたくなくなる。

　などの理由で、伝えたいことが伝えられなくなります。

　改行し、段落に分けていくことで、文章は読みやすくなります。

　段落分けには、次の3つのルールがあります。

◆段落分けの3つのルール

- **書き出しは1字下げる。**
- **段落をつける。**
- **改行後、新しい段落は1字下げる。**

　ただし、ウェブやSNSでは1字下げしないこともあります。

1 改行のタイミングは、内容や呼吸の切れ目

　段落は一般的に、「長い文章を内容で分けた区切りのこと」と定義されます。内容が変わるところで、改行し、段落をつくっていきます。作家の井上ひさしさんは、段落を「ある考えのひとまとまり」と定義し、次のように述べています。

　「『こういう、ひとつの考え方のまとまりが終わった。この考え方のまとまりを踏まえて、次はこういうふうに……』といった呼吸で改行して、また一字下げて書いていく。これが読者にうんと合えば、読者はどんどん入って来るんですね」（『井上ひさしと141人の仲間たちの作文教室』／新潮社）

　内容に加えて、呼吸を意識して改行し、段落をつくっていく。その過程で、**書き手と読み手の呼吸が合えば、読み手を文章の中へ引き込んでいくことができます。**

✕悪い例

生後２か月の子猫の兄弟を３匹引き取った。兄弟のうち２匹は元気に走り回った。最後に生まれた１匹は小さく、体重は２匹の半分ほどだった。目ヤニがつき、歩行はよろよろ。今にも倒れそう。食欲もなかった。この弱々しい末っ子を獣医に診せると、「脱水症状だね。２時間おきに哺乳瓶でミルクをあげなさい」とアドバイスしてくれた。指示通りにすると、末っ子はみるみる元気になっていった。

○良い例

生後2か月の子猫の兄弟を3匹引き取った。

兄弟のうち2匹は元気に走り回った。最後に生まれた1匹は小さく、体重は2匹の半分ほどだった。目ヤニがつき、歩行はよろよろ。今にも倒れそう。餌にも手をつけなかった。

末っ子を獣医に診せると、「脱水症状だね。2時間おきに哺乳瓶でミルクをあげなさい」とアドバイスしてくれた。

指示通りにすると、末っ子はみるみる元気になっていった。

悪い例 は、ぱっと見たときに、文字のかたまりに見えて、読む気がそがれます。文頭の文字が1字下がっておらず、改行がないため、読みづらくなっています。

良い例 は、文頭を1字下げ、時間の流れが変わるところで改行をして、段落を4つに分けています。

2 5〜6行、文章が続いたら改行を入れる

内容が変わるところでは、ひとつの文であっても改行します。ただし、内容が変わらない場合であっても、ひとつの文があまりにも長い場合は、改行します。

では、どのくらいの間隔で改行を入れたらいいのでしょうか。

・「最大5行あたりをメドに改行したほうがいいだろう」（古賀史健
『20歳の自分に受けさせたい文章講義』／星海社）

- 「文章が長く続く場合には、5行目か6行目あたりの区切りのよいところで改行する」（スクール東京『悪文・乱文から卒業する　正しい日本語の書き方』／ディスカヴァー・トゥエンティワン）

- 「大体の目安として、一段落は二百字から三百字の長さが標準とされる」（外山滋比古『知的文章術』／大和書房）

　出版されている縦書きの本の場合、だいたい1行が40文字。文章のプロの意見をまとめると、**改行の目安は、行数では「5〜6行」、文字数では「200〜250文字」**といえます。

③ ブログやSNSでは2〜3行で改行する

　パソコンやスマホなどで読む文章の場合は、見やすさの観点から、改行の頻度はさらに多くします。

　ブロガーで「ネタフル」管理人のコグレマサトさんと、クリエイティブ・プランナー／ブロガーのまつゆうさんは、
「note公式アカウントが公開している記事をスマートフォンで見ると、大体2〜3行が1つの文章の塊つまり段落となっており、段落と段落の間には空行があります」（『noteではじめる　新しいアウトプットの教室』／インプレス）と書き、小学校から習ってきた作文のルールとは異なることを指摘しています。
　ブログやSNSで文章を書く場合、改行のルールは、書籍や雑誌とは違うことを覚えておきましょう。

15位 とにかく書く、
たくさん書く

Point

1 時間を決めて毎日書く

2 書いた文章を自分でほめる

「**文章を上達させたいなら、とにかく書きなさい**」

文章のプロたちは口をそろえて言います。

「とにかく書く」ことをすすめる理由は2つあります。

◆**とにかく書いたほうがいい2つの理由**

• **文章が上達するから**

• **書く内容が固まるから**

ここでは、「文章上達のために、とにかく書く」についてお伝えします（このときの「書く内容」については、21位で詳述します）。

クリエイティブディレクターの三浦崇宏さんは次のように書いています。

「**言葉は、下手でもなんでもいいから、どんどんアウトプットしたほうがいい。とにかく、量があって初めて質が生まれるのだ。**（略）**コピーライターも100案、1000案と書くから、いいコピーとは何かがわかるようになる**」（『言語化力』／SBクリエイティブ）

なぜ、「とにかく書いたほうがいい」のでしょうか。

120

　作家の井上ひさしさんは「文章を書くことは、話す、聞く、読むことのように半ば自然発生的なものではなく、強制されてようやく身につく能力であり、それも使っていないとすぐに錆つくという厄介な能力なのである」（『自家製　文書読本』／新潮社）と述べています。

　スポーツでも、体を日常的に動かしていないと、しだいに動かしづらくなります。強くなりたいと思って、練習を重ねなければ、上達は難しいものです。

　文章も同様です。**書き続けていないと書けなくなりますし、「上達したい」と思って書き続けないと、決してうまくはなりません。**

　使わない刀が錆びるように、**使わない文章力も錆びてしまうの**です。

☐1 時間を決めて毎日書く

　自分を強制的に「書く」ことに向けるには、どうすればよいのでしょうか。
- **20分でも30分でもいいから、毎日時間を決めて書く**
- **決めた時間はとにかく手を動かし続ける**
- **書く機会を増やす**

　ことです。作家の宇野千代さんは、毎日必ず机の前に座ったそうです。「そうすればおのずから文章が書ける」と述べています。

　では、「書く機会を増やす」にはどうしたらいいのでしょうか。文章の達人たちが挙げているのは次の7つです。

①新聞や雑誌、ネットに投稿してみる。
②日記をつける。
③ブログを書く。
④葉書や手紙を書く。
⑤メールへの返信を丁寧に書く。
⑥映画や演劇、本の鑑賞ノートをつける。
⑦読んだ小説のあらすじをまとめる。

　なかでも、100冊の中に多く出てきたのは、「日記」です。

　辰濃和男さんは、次のように言っています。

「新聞社の試験を受けたいという若い人に会うと、私はこういいます。『日記をつけなさい。踊りの修業をする人は、稽古を一日怠るだけで後戻りをするといいます。書く訓練も同じです。なんでもいいからその日のことを書く、という訓練を己に課しなさい。たのしんで書けるようになればしめたものです』」（『文章の書き方』／岩波書店）

2 書いた文章を自分でほめる

　文章がうまくなる近道は、書いた文章を誰かに見せて「添削してもらうこと」です。

　しかし、誰かに添削してもらうのは、なかなかハードルが高いかもしれません。では、どうすればよいのでしょうか。

　そのコツは、4位で紹介した「推敲」と同じで、「半日か1日く

らい時間を置いて自分で見直してみる」ことです。書いたあとに少なくともひと晩、置いておくと、書いたときとは違う気持ちで文章と向き合うことができます。字句の間違い、論理構造が破綻しているところなども発見しやすくなります。

ただし、読んだ文章について、「文章がうまくならないな」とネガティブな感想を持つのはおすすめできません。やる気がそがれてしまうからです。

外山滋比古さんは、「**気取らずに、とにかく書いてみる。思ったようにいかなかったら、もっと上手に書けるようになりたいが、これでも前よりはずいぶんましになっている、まんざら棄てたものではないなどと自分で自分をはげます。（略）急に見違えるような文章家になっているということがないでもあるまい**」（『知的文章術』／大和書房）と書いています。

自分で文章を書いたら、「**少しだけ文豪の芽が出てきたかも**」「**明日はもっとうまくなろう**」のように自分をほめるつもりで読み返してみましょう。

Facebookやブログ、note（記事の有料販売もできる情報発信サービス）などの投稿を読んでくれる身近な人がいる場合は、文章の感想を聞いてみるのもいいでしょう。

書かなければ、始まりません。文章がうまくなりたいなら、今日からとにかく書き始めてみましょう。

「わかりにくい」と思ったら修飾語を見直す

Point

1 修飾する語と修飾される語は近くに置く

2 短い修飾語はとにかく近くに、
長い修飾語はやや離れてもOK

3 修飾語が多いときは文章を分ける

4 ビジネスシーンでは、
形容詞や副詞はなるべく数字に置き換える

....

　文を飾る語に「修飾語」があります。主語や述語の内容を詳しく説明する文節のことです。簡単な例では、

例文

赤い花です。

「赤い」が修飾語で、「花」が修飾されています（修飾される語を「被修飾語」といいます）。

　上記の例のように修飾語が単純で少ない場合は、意味がわかりにくくなるケースはめったにありません。しかし、修飾語の数が多くなると途端にわかりにくくなります。

　文章術のプロの中には、**「文を飾りすぎない」「不要な修飾語は使わない」** という意見も複数あります。

　スクール東京の『悪文・乱文から卒業する　正しい日本語の書き方』（ディスカヴァー・トゥエンティワン）には、「**簡潔で分かりやすい文章を書くには、不要な修飾語を使わない**」「**削っても文意が変わらず、文章がスッキリつながるならば、その修飾語を省く**」と書かれています。

　修飾語は、ほかの言葉を説明する役割ですから、まったく書かないわけにはいきません。読み手が迷わなくなるように、使い方のルールを身につけましょう。

1 修飾する語と修飾される語は近くに置く

> **✕悪い例**
>
> 　原稿を印刷所に渡すまでの時間があまりなかったので、大急ぎで私が仕上げた原稿に編集者は目を通した。
>
> **〇良い例**
>
> 　原稿を印刷所に渡すまでの時間があまりなかったので、私が仕上げた原稿に編集者は大急ぎで目を通した。

　悪い例では、「大急ぎで」が「（私が）仕上げた」にかかっているのか、「（編集者が）目を通した」のにかかっているのか、わかりにくくなっています。
「大急ぎで」が、両方の述語にかかる可能性があるからです。

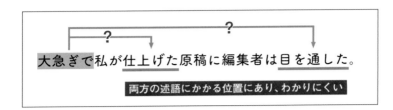

両方の述語にかかる位置にあり、わかりにくい

　修飾する語は、修飾される語の極力近くに置く。それだけで、どちらにかかっているかが、はっきりします。

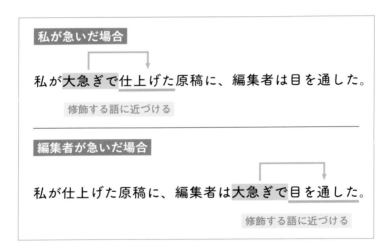

私が急いだ場合

私が大急ぎで仕上げた原稿に、編集者は目を通した。

修飾する語に近づける

編集者が急いだ場合

私が仕上げた原稿に、編集者は大急ぎで目を通した。

修飾する語に近づける

　文を書く際は、修飾語がどの言葉にかかるかを常に意識しましょう。

2 短い修飾語はとにかく近くに、長い修飾語はやや離れてもOK

　ひとつの文の中に複数の修飾語が含まれたり、ひとつの語句にいくつかの修飾語がつく場合には、さらに注意が必要です。

×悪い例

山手線の中で出会ったのは昔の腕時計が好きな友人だった。

○良い例

山手線の中で出会ったのは腕時計が好きな昔の友人だった。

　この例には、「腕時計が好きな」と「昔の」という2つの修飾語が含まれています。**悪い例**では、この2つの修飾語が入り組んでおり、「昔の」が「腕時計」にかかっているのか、「友人」にかかっているのか、わかりにくくなっています。

「腕時計」「友人」のどちらにかかっているかがあいまい

　このように、複数の修飾語がひとつの言葉にかかる場合は、
- 「長い修飾語を、修飾される語から遠くに置く」
- 「短い修飾語を近くに置く」

ようにします。

③ 修飾語が多いときは文章を分ける

　そもそも長い修飾語を使わないようにすると、文章は明確になり、読む人の混乱を回避できます。

×悪い例

　昨日紹介した樋口さんは、２年前にフランスを旅したときに私がパリで出会った田中さんの高校時代の恩師です。

○良い例

　２年前、私がフランスを旅していたときに、パリで田中さんに出会いました。昨日紹介した樋口さんは、その田中さんの大学時代の恩師です。

　悪い例 では、長い修飾語が入ってくると同時に、途中で主語や述語が複数入り交じっています。

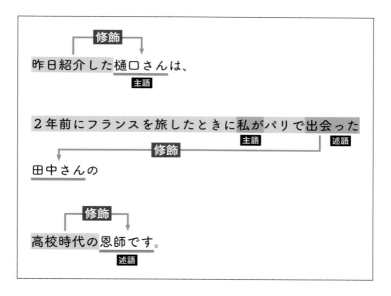

修飾語が長いと、頭に入ってきづらいものです。途中で、主語や述語が複数入り交じってくると、なおさら混乱します。

「樋口さんは2年前にフランスを旅した」という勘違いも招きかねません。

このような場合は、短いセンテンスに分けて、文章をシンプルにしましょう。

4 ビジネスシーンでは、 形容詞や副詞はなるべく数字に置き換える

✕悪い例

　プロジェクトの進行が、とても遅れています。原因を突き止め、できるだけ早くプログラムが稼働できるようにしてください。

〇良い例

　プロジェクトの進行が、2週間遅れています。原因を突き止め、8月2日にはプログラムが稼働できるようにしてください。

修飾語としてよく使われるものに形容詞や形容動詞、副詞があります。

> ◉形容詞……名詞や代名詞を修飾する言葉。「熱い」「美しい」のように、「〜い」で終わる自立語。
> ◉形容動詞……人やものの性質、状態、感情などをあらわす言葉。「満足だ」「静かだ」のように、「〜だ」で終わる自立語。
> ◉副詞……おもに動詞、形容詞、形容動詞を修飾する言葉。
> - 動詞を修飾→**ゆっくり**食べる
> - 形容詞を修飾→**とても**かわいい
> - 形容動詞を修飾→**すごく**満足だ

　形容詞や形容動詞、副詞は、使い方によっては意味があいまいになり、明確に伝わらないケースがあります。

　とくに、ビジネスシーンでは「とても」「すごく」「できるだけ早く」といった、受け取る人によって幅が出る言葉の使用は避けましょう。

　ある人にとって、「とても遅れている」は、１カ月かもしれません。でも、スケジュール管理に厳格な人にとっては、１日の遅れを「とても遅れている」と感じる場合もあります。

　例では、**悪い例** の「とても」を **良い例** のように「２週間」とし、「できるだけ早く」を「８月２日には」にして、はっきり数字で示しました。このメッセージを受け取る人が誰であっても、「２週間」は「２週間」、「８月２日」は「８月２日」です。
　数字化することで、幅がなくなり、内容をはっきり伝えられます。

「書き出し」に とことんこだわる

1 「書き出し」から書き始めなくても OK

2 とりあえず、「書き出し6パターン」を使ってみる

　文章の冒頭、文章の書きはじめのことを「書き出し」と言います。**書き出しは文章の第一印象を決めます。**

　印象が良ければ、どんどん先が読みたくなります。逆に、つまらないと読むのをやめたくなります。

　では、どのように書き始めればよいのでしょうか。

　まず、名文家たちの書き出しを見てみましょう。

> 　死んだ父は筆まめな人であった。
> 　私が女学校一年で初めて親許を離れた時も、三日にあげず手紙をよこした。
>
> 　　　　　　　　　　　　　　『字のないはがき』向田邦子

　筆まめなのに、「字のないはがき」とは、何だろう？　読者は、そのギャップに疑問をもち、その先が知りたいと引き込まれます。

> 　国境の長いトンネルを抜けると雪国であった。夜の底が白くなった。信号所に汽車が止まった。
> 　　　　　　　　　　　　　　　　　　　　　　『雪国』川端康成

　自分が汽車に乗っているかのように、本の中に引き込んでいく力強さがあります。

　書き出しは、本に限らず、ブログやSNS、新聞や記事などでも重要です。

　ジャーナリストの竹内政明さんは、「もしテーマをいったん決めても、『書き出し』がうまく浮かばなければ、別のテーマにしてしまいます。それくらい『書き出し』は大事にしているんです」『書く力』／朝日新聞出版）と語っています。

1 「書き出し」から書き始めなくてもOK

　「書き出しが大事」「書き出しにこだわりなさい」と言われると、なかなか筆が進まず、最初の1行に何時間も頭を抱えてしまうことがあります。

　そんなときは、**書き出しはあとで考えることにして、書けるところから書いてもかまいません。**

　1980年に初めて書かれ、40年経った今も再編集され書店に並んでいる名著『知的トレーニングの技術〔完全独習版〕』（花村太郎／筑摩書房）にも、「**書き馴れないうちは、下書きをつくることにして、気楽に書いてみる。書き出しに困ったら、途中からはじめて、あ**

とで書き出しをつけたすことにするといい」と記されています。

2 とりあえず、「書き出し6パターン」を使ってみる

　文章術の本で紹介されていた書き出しの方法を参考に、パターンをまとめました。

　書き出しに悩む場合、次のパターンをヒントに考えてみましょう。

すぐに使える書き出し6パターン

- 会話や音から始める
  ①「昨日いただいたリンゴ、おいしかった」
  ②カリカリカリッ。飼い猫のキラが「開けて！」とドアをひっかいた。

- タイトルの逆を書く
  タイトル：『字のないはがき』（向田邦子）
  書き出し：死んだ父は筆まめな人であった。

- 動きのある状況（シーン）から始める
  国境の長いトンネルを抜けると雪国であった。（『雪国』川端康成）

- 疑問を投げかける
  健康診断を受けるのは、体に良いのだろうか。

- 格言・名言を使う
  アップルの創業者、スティーブ・ジョブズは言った。
  「もし今日が人生最後の日だとしたら、今やろうとしている

ことは本当に自分のやりたいことだろうか?」（スタンフォード大学卒業祝賀スピーチより）

• 短文で言い切る
吾輩（わがはい）は猫である。名前はまだ無い。（『吾輩は猫である』夏目漱石）

　そのほか、ジャーナリスト近藤勝重さんは、作家のエッセイの書き出しパターンとして、「自分を振り返るパターン／疑問投げかけパターン／意見、考えパターン／状況、現状パターン」（『書くことが思いつかない人のための文章教室』／幻冬舎）の４パターンを紹介していて、こちらも参考になります。

　書き出しの勉強方法については、板坂元さんの『考える技術・書く力』（講談社）の１文がヒントになります。
「名著といわれる本を、たくさん集めて、書きだしの文だけを読んでみると、教えられることが多いものだ」

　文章に接した際には、ただ読むだけでなく、取り組み方を変えて、「書き出しだけ」、あるいは、「終わりだけ」をまとめる勉強法もしてみるといいでしょう。

18位 「読み手」を強く意識する

Point

1 ターゲットを「○○さん」に設定してみる

2 読み手に合わせて表現を変える

3 楽しく読んでもらう工夫をする

　文章を「読み手は誰か？」という視点で考えたとき、大きく2種類に分かれます。

◆文章の2つの種類

• 日記のような自分のために書く文章

• 自分以外の人が読む文章

　この項目では、後者（自分以外の人が読む文章）の文章術を扱います。

　自分以外の人が読む、つまり、読み手がいる場合、基本的には**読み手にわかるように書く**必要があります。

　ある業界の中だけで日常的に使われている専門用語や、流行語など、特定の人にしかわからないことに関しては、説明が不可欠です。

　どうすれば、書いた文章を、それを読む人にわからせることができるのでしょうか。

　「誰がその文章を読むのか」を考えると、文章の方向性が決まる

ので、書きやすくなります。

　読み手にとっても、わかりやすい文章になります。

　たとえば、**小学生向けと大人向けでは文章の書き方がまるで違ってきます。**

小学生向けの例

テレビをみるときは、へやを明るくしてはなれてみてね。

大人向けの例

この作品は、照明などによる光の変化が激しい演出の部分があります。ご鑑賞にあたりましては、部屋を明るくし、できるだけ画面から離れてください。

　漢字を減らしたり、やさしい表現にした文章は、小学生にとって読みやすい文章です。反対に、大人向けなのに、ひらがなが多すぎたり言葉をかみ砕きすぎると、文章が冗長に感じられ、読みにくくなります。

　文章を書く場合、相手がわかりやすいように具体例を入れて説明することがあります。

　仮に、子育てまっさかりのママ向けの節約術の記事を書くとしたら、子育てをイメージした具体例を入れます。ビジネスパーソンの節約術だったら、オフィスや仕事をイメージする例を入れます。

　読み手を決めることで、入れるべき具体例も決まってきます。

1 ターゲットを「○○さん」に設定してみる

　読み手がいる文章を書く際には、必ず読み手を想定します。

　想定の仕方のひとつが、**ターゲット（＝読み手）をできるだけ詳しく設定する**ことです。詳しく設定すると、読者に伝わりやすい表現になっているかを確認できます。

　たとえば、Zoom という会議システムを使って「紅茶の入れ方のオンライン講座」を行なうとします。

　講座開催の告知をする場合、ターゲットが「Zoom」を知っているか、「オンラインの会議システム」を使ったことがあるかどうかで告知の仕方は変わってきます。

　ターゲットの設定が、「Zoom もオンラインによる会議システムも知らない人」であればどうでしょうか。

　告知文の確認をするときに、「オンライン会議」「Zoom」について、説明が入っているかどうかを確認する必要が出てきます。

「Zoom もオンライン会議システムも知らない人」に向けた告知文の例

【Zoom 講演会】紅茶の入れ方のオンライン講座　開催案内

　下記の通り、講座を開催いたします。
　ご都合のよい方はぜひご参加ください。

■ ○月×日（日）10：00〜12：30

　講座開始の30分ほど前にZoomミーティングへの招待メールが届きます。届きましたら、URLをクリックし、ご参加ください。

■講師：山田○○

■お申込みは下記URLからお願いします。
URL：△△△

［Zoomによるオンライン講座について］
　Zoomはパソコンやスマートフォンを使って、セミナーやミーティングをオンラインで開催するために開発されたアプリです。今回のZoomのオンライン講座では、パソコンやスマートフォンを使って、家にいながら、リアルタイムで講座を受講することができます。
　Zoomのアカウントがなくても参加は可能ですが、事前にZoomアカウントを取得することをおすすめします。
　※Zoomについて詳しくは下記をご覧ください。
　　URL：□□□□

◆大勢に向けた文章でも、ある特定の個人に向けて書く
　どの程度詳しくターゲットを設定すればよいのでしょうか？100冊の中には、「**たったひとりにする**」という意見が複数ありました。
　理由は、「大勢の人に何かを伝えようとすると、話す相手の顔が見えなくなってしまうため、話す中身もぼんやりとしたものにな

ってしまう」（梅田悟司『「言葉にできる」は武器になる。』／日本経済新聞出版）からです。

　もし、読み手が「30代の働く女性」であれば、自分の同僚や友人でもいいので、特定のひとりを想定します。そうすることで、「この言葉なら伝わる」「こっちの表現のほうが良さそう」ということがリアルにわかってきます。

　フリーランスライターで多数のベストセラーを手掛けている古賀史健さんも、身近なひとりを想定しています。

　もし、それがかなわない場合は、架空のキャラクターを設定しています。

「『東京の／中堅医療機器メーカーに勤める／営業職の男性／27歳／年収400万円／地方の私大出身で／地下鉄通勤のひとり暮らし／彼女あり』」といった具合だ」（『20歳の自分に受けさせたい文章講義』／星海社）

　ただし、**たったひとりを想定して書いたあとで、そのほかの多くの人にもわかりやすく伝わる表現か、客観的にチェックする**必要があります。

　古賀さんは、読み直しをするときに、その分野の非専門家、いわば第三者を想定して、そういう人にも少しでも理解してもらえるようにブラッシュアップしていくと述べています。

2 読み手に合わせて表現を変える

　表現は読み手の理解度によって変える必要があります。

たとえば、「人事」という言葉について説明する場合です。

社会経験のある大人に対して

　企業やその他の団体、組織において、職員を採用したり、評価、異動、労働条件についての決定に関する業務。

小学生に対して

　会社や役所で、人の地位や役割に関係すること。

3 楽しく読んでもらう工夫をする

　読み手を意識する上で、「わかりやすく書くこと」と同様に、「満足感を得てもらうこと」も大切です。

　樋口裕一さんは、「読み手に何らかのかたちでサービスをするのが文章を書く人の義務だと考える。（略）読み手に楽しく読んでもらう工夫はするべきだ。書き出しを工夫し、表現をいじり、内容もできるだけ読み手をひきつけるように配慮する必要がある」（『人の心を動かす文章術』／草思社）と書いています。

　文章を書くときには、自分本位に書きたいことだけを綴っていくのではなく、「読み手の存在」を常に意識することが大切です。

Point

1 「は」はすでにわかっていること、
「が」はわかっていないことに使う

2 「は」がついても、主語になるとは限らない

3 「……が」を使っていいのは「逆接」のときだけ

　文章術の本で、文法で大切なこととして頻出（ひんしゅつ）しているのは、「助詞の『は』と『が』について」です。助詞は、文を書くときに、必ずといっていいほど使う品詞です。

> ●助詞……言葉と言葉をつないで、その関係を示したり、意味をそえたりする。

「は」と「が」の使い方を間違えると、文章が途端にわかりにくくなります。

　逆にいえば、**「は」と「が」の使い分けをマスターすれば、わかりやすい文章が書けるようになります。**

　国語学者の大野晋（おお の すすむ）さんも、「日本語の文法のうち、大切と思うところの一つだけを取り上げます。それはハとガということです。（略）ここが分かると、日本語の文章がしっかり自覚的に把握できるようになるでしょう」（『日本語練習帳』／岩波書店）と述べています。

1 「は」はすでにわかっていること、「が」はわかっていないことに使う

「は」も「が」も、しばしば主語に使われます。

例文

こちらは女優のＡさんです。
こちらが女優のＡさんです。

普段、あまりにも何気なく使っています。

ですから、どちらも大差ないように思うかもしれません。何が違うのでしょうか。例を見ながら考えていきましょう。

例文1

昨日、お金持ちそうな紳士が、バーのカウンターにいました。
その紳士は、マティーニを飲んでいました。

「お金持ちそうな紳士が」の「が」も、「その紳士は」の「は」も主語についている助詞です。これを入れ替えてみます。

例文2

昨日、お金持ちそうな紳士は、バーのカウンターにいました。
その紳士が、マティーニを飲んでいました。

「は」と「が」の位置を入れ替えることで、文章のニュアンスが

変わってきます。

例文2 は違和感があります。「昨日、お金持ちそうな紳士は」と言うと、この文章の前に、ほかの説明文があるかのような心地悪さを感じます。

これは、「は」と「が」に、明確な使い分けがあるからです。

例文1 の「お金持ちそうな紳士が」の「が」は、未知の情報 （まだ明らかになっていない情報）につきます。誰もまだ「お金持ちそうな紳士」について知らないときは「が」を使います。

次の「その紳士は」の「は」は、既知の情報（すでにわかっている情報）につきます。

前の行ですでに「紳士」が出ているから、紳士のことはわかっています。すでに明らかになっているときには「は」がつきます。私たちは、無意識にこの使い分けをしています。

例文1

　むかしむかし、おじいさんとおばあさんがいました。

例文2

　おじいさんは、山に柴刈りに、おばあさんは、川に洗濯にいきました。

例文1 では、はじめて聞く「おじいさんとおばあさん」だから「が」がくる。

例文2 では、例文1 で、すでに知っている「おじいさんとおばあさん」だから、「は」がつきます。

もうひとつ例を書いてみます。

例文

本日、ぜひ買っていただきたい新商品<mark>が</mark>あります。
その新商品<mark>は</mark>、ご飯がふっくら炊けるこの電気炊飯器です!

違いは明確です。

「は」と「が」の使い分けのルール

● 未知情報（まだ知らない情報）のときは「が」。
● 既知情報（すでに知っている情報）のときは「は」。

　順番を間違えると、しっくりこない文章になりますので注意します。ちなみに、「は」と「が」のこの使い分けを発見したのは、前出の国語学者、大野晋さんといわれています。

2 「は」がついても、主語になるとは限らない

「は」は、主語ではなく、「主題」を提示する場合があります。主題とは、その話の「テーマ」です。
「は」は、前もって「このテーマについて言いますよ」という役割を果たすことがあります。

例文

野球選手のＡさん<mark>は</mark>バッティング<mark>が</mark>うまい。

この例文の場合、主語はどれでしょうか。

「野球選手Ａさんは」なのか、「バッティングが」なのか迷うところです。

　正解は、「バッティングが」です。

「野球選手のＡさんは」の「は」は、「主題提示の助詞の『は』」です。「野球選手のＡさんについていえば」と主題を提示しています。

例文

象は鼻が長い。

　この例文の場合、「象は」の「は」が主題提示の助詞です。

　主語は「鼻が」になります。「（たくさんいる動物の中でも）象についていえば」と主題を提示しています。

「は」がついていると、主語かと思いがちですが、必ずしもそうとは限りません。

---

３ 「……が」を使っていいのは「逆接」のときだけ

「が」も注意が必要な助詞です。覚えておきたい「が」の用法は３つあります（格助詞の使い方がひとつと、接続助詞の使い方が２つ）。

●格助詞………おもに名詞について文節同士の関係をあらわすもの。

●接続助詞……前後の文をつなぐもの。

---

①主語をあらわす格助詞

　猫が鳴いています。

②逆接を示す接続助詞

　　この薬はとびきり苦いですが、効き目は高いです。

③単純接続を示す接続助詞

　　昨日は雨でしたが、今日も雨が降るそうです。

　①の主語を示す「が」については、すでに説明してきました。
　ここでは、接続助詞の逆接の「が」と単純接続の「が」について説明します。

　文章のプロの多くが、接続助詞の「が」を警戒しています。**「が」は、前後のつながりのない文でもくっつけてしまう**からです。
　接続助詞の「が」には、上記のように「逆接」と「単純接続」の２つの用法があります。注意すべきは、単純接続の「が」です。

- 逆接の「が」……反対のことをつなげる。接続詞の「しかし」と同じ用法。
- 単純接続の「が」……文と文を単純につなげる。

> **例文 1** 単純接続
> 　経営陣の責任はきびしく追及されるべきだと思いますが、社長はどのようにお考えですか？

例文2 逆接

　経営陣の責任はきびしく追及されるべきだと思いますが、いまだに責任を取ろうとしていません。

「が」の代表的な使い方は 例文2 で示した「逆接」です。

　例文1 の「経営陣の責任はきびしく追及されるべきだと思います」と「社長はどのようにお考えですか？」は、逆接の関係になっていません。「が」を削除したほうが意味は通りやすくなります。

　例文2 は、「経営陣の責任はきびしく追及されるべきだと思います」と「責任を取ろうとしていません」が逆接の関係になっています。

　接続助詞の「が」を使うときは、「が」のあとに、前文の「逆」の内容をつないだほうがわかりやすくなります。

例文 単純接続

期待を抱いて新規事業を開始したが、その際、社員を補充した。

改善例1

期待を抱いて新規事業を開始した。その際、社員を補充した。

改善例2

期待を抱いて新規事業を開始させたが、軌道に乗っていない。

　例文 の「新規事業を開始した」と「社員を補充した」は、逆接の関係になっていません。単純接続の「が」を削っても意味は

通ります（ 改善例1 ）。

「が」を逆接で使うのであれば、「期待を抱く」の反対の意味を持つ文（「軌道に乗っていない」ことなど）を続けるのが自然です（ 改善例2 ）。

『井上ひさしと141人の仲間たちの作文教室』（新潮社）の中で、井上ひさしさんは、

「今日は、朝から雨だが、会社で弁当を食べた」

という例文を挙げて、「が」の使いすぎを戒めています。

「雨が降ると役所の都合で弁当がとれないとか、いろいろ事情はあるらしい。その事情の説明抜きでも『が』を使うと簡単に文章ができちゃう」

単純接続の「が」を多用すると、論理が破綻しやすくなったり、１文が長くなったりします。

「が」は、「逆接に限って使用する」ようにしましょう。

20位 名文を書き写す・真似る

▶ **Point**

1 目的に合ったお手本を選んで書き写す

2 キーボードで打ってもいい

多くの文章術の本で書かれている、文章上達の二大秘訣があります。

◆文章上達、2つの秘訣

• 名文を多く読む。
• 名文を書き写し、名文の真似をする。

ようするに「**名文から学べ**」ということです。

私たちは、今まで使われた言葉や文を組み合わせることで、自分たちなりの文章をつくることになります。ですから、先人たちが書いてきたものから学ぶのが、文章上達の秘訣というわけです。これは、すでに「『名文』を繰り返し読む」(98ページ)でも述べてきたことです。

名文を学ぶもうひとつの近道が、「書き写し、真似をする」です。

1 目的に合ったお手本を選んで書き写す

では、どんな文章を書き写し、真似るとよいのでしょうか。

　評論家の清水幾太郎さんは「古くてもよい、新しくてもよい、或る思想家を自分で選んで、そのスタイルの模倣から出発すべきである」（『論文の書き方』／岩波書店）と記しています。なぜ、思想家を選ぶのでしょうか。

　それは、**お手本とする文体を読んでいるときに、それを書いた人の考え方や思想も自分の中に入ってくる**からです。

　お手本とする文章を選ぶときは、自分が共感できたり、尊敬できたり、好きだと思える人の作品にするとよいでしょう。

　ジャーナリストの池上彰さんは、NHKに入社した当時、どうやってニュース原稿を書いたらいいのかわからなかったそうです。

　そこで「先輩記者が書いた原稿をひたすら丸写ししたのです。（略）一字一句を書き写していきました。（略）さらに、NHKラジオの全国放送のニュースを録音し、それを書き起こしました」（『伝える力』／PHP研究所）と言っています。

　こうして、全国レベルのニュース原稿を研究したそうです。

　文章を書く目的は人によって異なります。

　自分がプレゼン原稿を書きたいのであれば、先輩が書いたプレゼン原稿をお手本にする。作家になりたいのであれば、好きな作家の原稿をお手本にする。

　「文章が上手になりたいから」とやみくもに名文家といわれる人の文章を模倣するよりも、自分の目的に合ったお手本を選ぶのが、文章上達の近道です。

　ほかの人の文章を写したり、真似たりしているのは、日本人だ

けに限りません。アメリカの人気ミステリー作家スティーヴン・キングもそのひとりです。

「気にいった文体が見つかれば、それを真似すればいい。何も悪いことではない。子供のころの私もそうで、レイ・ブラッドベリを読めば、レイ・ブラッドベリのように書いていた」（『書くことについて』／小学館）

さまざまな人の文体を真似ることで、他人の文体のブレンドができます。それは、「自分の文体をつくりあげるために欠かせないものである。真空状態からは何も生まれない」のです。

もし、お手本が見つからない場合、どうすればよいでしょうか。100冊にはそこまでは書かれていませんでしたが、ここでは比較的すぐに実践できる2つのお手本を紹介します。

• 新聞の一面コラム
• ベストセラー

ひとつは新聞の一面コラムです。読売新聞「編集手帳」、朝日新聞「天声人語」、毎日新聞「余録」、産経新聞「産経抄」、日本経済新聞「春秋」などです。理由は3つあります。

（1）500〜700文字と短く、写すのに時間がかからない。
（2）時事問題のとらえ方がわかり、読み物としても楽しめる。
（3）文章の構成がしっかりしていて、構成力養成になる。

もうひとつは、ベストセラーとなっている本を選ぶこと。

　ベストセラーはそれだけ多くの人に読まれています。何が人気の秘訣かを考えながら写すのも勉強になります。

　ちなみに、前出の清水幾太郎さんの『論文の書き方』は1959年の発行で、2008年の時点で145万部を売り上げ、岩波新書の売上ベスト３に入った大ベストセラーです。

2 キーボードで打ってもいい

　書き写すときは、どうやって書き写すのがいいのでしょうか。「一字一句手で書き写した」人もいれば、「ワードで打ってもいい」と言う人もいます。自分のやりやすい方法で写しましょう。

　ただ、パソコンなどキーボードで打つ場合は、何も考えずにやると、単純な入力作業になってしまいがちです。

　文章を体験として体の中や頭の中に入れることを意識し、考えながら打ちます。写すときのポイントは以下です。

写すときのポイント

- 今まで使ったことのない言葉がないか意識する。
- 知らない言葉が出てきたら、必ず辞書を引いて意味を調べ、その言葉を自分のものにしていく。
- 自分がやったことのない文章のつなげ方の工夫を見つける。
- 全体の構成はどうなっているか考える。
- 入力したものを読み直す。

「文章の書き方」本の選び方

◆自分が書きたいジャンルで活躍している著者の本を選ぶ

本書を書くにあたって「文章の書き方」の本を調べた結果、たくさん出版されていることがわかりました。

「たくさん」は、本書では禁句のあいまい表現ですが、どのくらいあるかわからないほど膨大な本が出されています。

ためしに、アマゾンの「本」カテゴリーで「文章術」のキーワードを入れて検索したところ、「検索結果3000以上」と出ました。

作家や新聞記者、ライター、コピーライターはもちろんのこと、コミュニケーションのプロ、ブロガーなど、いろいろな方が書いています。

切り口も、「論文の書き方」「メールの書き方」「わかりやすい説明の技術」「文章読本」など多様です。

そのような中で、自分に合った「文章の書き方」の本をどのように選べばいいのでしょう。答えは、

「目的を明確にし、自分が書きたいジャンルで活躍している著者の本を選ぶ」

ことです。というのも、小説家が書いた文章術の本は小説を書くために役立つ「書き方」が多く、ジャーナリストが書いた本は新聞等マスコミ系の媒体を書くのに役立つ「書き方」が多い傾向

にあるからです。

　餅は餅屋で、その道のことはやはり専門家に聞くのが的確です。

　「文章術」とひと口にいっても、何のために書く文章がうまくなりたいのか、目的はさまざま。その目的が重要です。

　小説家を目指したいのであれば小説家が書いたものを、プレゼンテーション用の資料づくりのために文章を学びたいのであれば広告代理店出身者やコピーライターなどのプレゼンのプロが書いた本がいいでしょう。

　著者の肩書やプロフィールをよく見て選ぶようにしましょう。

　下記に本書で取り上げた文章術＆コミュニケーション術の本（一部）を、肩書別に一覧にしましたので、参考にしてください。

コピーライター		
『広告コピーってこう書くんだ！読本』	谷山雅計	宣伝会議
『50歳からの語彙トレ』	菅原圭	大和書房
『説明は速さで決まる』	中村圭	きずな出版
『「言葉にできる」は武器になる。』	梅田悟司	日本経済新聞出版
『伝わっているか？』	小西利行	宣伝会議
『言葉ダイエット』	橋口幸生	宣伝会議
『言語化力』	三浦崇宏	SBクリエイティブ

ジャーナリスト		
『書く力』	池上彰 竹内政明	朝日新聞出版
『〈新版〉日本語の作文技術』	本多勝一	朝日新聞出版
『文章の書き方』	辰濃和男	岩波新書
『伝わる! 文章力が身につく本』	小笠原信之	高橋書店

作家		
『文章讀本』	谷崎潤一郎	中央公論新社
『秘伝「書く」技術』	夢枕獏	集英社
『新文章讀本』	川端康成	新潮社
『文章読本』	丸谷才一	中央公論新社
『文章読本』	三島由紀夫	中央公論新社
『小説講座 売れる作家の全技術』	大沢在昌	KADOKAWA
『書くことについて』	スティーヴン・キング	小学館

評論家		
『「分かりやすい文章」の技術』	藤沢晃治	講談社
『「分かりやすい説明」の技術』	藤沢晃治	講談社
『考える技術・書く技術』	板坂元	講談社

◆昔の文章術の本と最新の文章術の本を読み比べる

昭和の文章術の本と令和の文章術の本を読み比べていくと、共通点もあれば、逆にまったく違う点が重視されているものもあることがわかります。

文章術における時代の流れを読み取ることもできます。

本書で取り上げた本で、もっとも歴史があるのは、谷崎潤一郎の『文章讀本』です。初版は昭和９年（1934年）。90年近く前に書かれました。さすがに私たちも生まれていません（笑）。

もっとも新しいのは、令和２年（2020年）に出された書籍です。

時代を越えて多くの書籍に共通しているのは「無駄な文章を削除する」ことです。本書でも紹介してきました（１位）。逆に異なっているのは、「明確さ」についてです。

最新の本では、「明確に書く」とされている一方、歴史ある本では、「あいまいさ」が重視されていました。

谷崎潤一郎は、『文章讀本』で次のように書いています。

「文章のコツは『言葉や文字で表現出來ることと出來ないこととの限界を知り、その限界内に止まること』だと申したのを、思ひ出して頂きたい。（略）多少意味のぼんやりした言葉を使つて、あとを讀者の想像や理解に委ねた方が、賢明だと云ふことになります」

読み手に委ねると書いています。これは、谷崎が小説の書き手であり、実用書の書き方とは一線を画すからかもしれません。

一方で、日本は「忖度」や「心を汲み取る」文化があり、「行間

を読ませること」をよしとする考え方が根底にあるようにも感じます。

　文章について幅広く学びたい場合は、古いものから新しいものまで読んでいくと、日本人の文化、表現方法の変遷を見ることができます。

　読みやすい文章のテクニックは時代によって変化もしています。今はブログの文章を読む際、スマホを利用している人が多いです。スマホは画面が小さいので、改行を多くしたほうが読みやすい、と最近の文章術の本は書いています。
　今の時代に合った文章を書きたい場合は、新しい文章術の本から読んでいくといいでしょう。

文章術の本の選び方のポイント

①目的が明確な場合
　　自分が書きたいジャンルで活躍している著者の本を選ぶ。

②幅広く学びたい場合
　　古いものから新しいものまで読む。

③現代に合った文章術を身につけたい場合
　　最新の文章術の本を選ぶ。

Part.3

さらに文章力を
高めるための
「20のコツ」

ランキング **21〜40位**

とりあえず、書き始める

「書く材料が見つからない」「考えが整理できていない」「やる気が出ない」といった理由から、なかなか書き始められないことがあります。そんなときは、どうしたらいいのでしょうか。

多くの先達は、次のようにアドバイスしています。

「とりあえず、書き始めろ」

「一行でもいい。『とにかく書く』ことです。『きょうも雨』でもいい。『久しぶりに牛丼を食べた』でもいい」（辰濃和男『文章のみがき方』／岩波書店）

「とにかく書くこと。はじめから終わりまで書こうとする必要はない」（ダン・S・ケネディ『究極のセールスレター』／東洋経済新報社）

「締め切りが迫ってくると、もう悠長なことは言っていられなくなる。そんなときはどうするかといえば『とにかく書く』。これが最終兵器です」（夢枕獏『秘伝「書く」技術』／集英社）

「とりあえず書く」ことのメリットは、おもに３つです。

とりあえず書く3つのメリット

① 1行書くと、2行目が浮かびやすくなる。2行目を書くと、3行目が浮かびやすくなる。

② 書き出せないまま時間が過ぎていくのを防げる。

③ 書き出す前には思いもよらなかった良いアイデアが浮かぶ。

「思いついた順番で書き、つながりは『あと』で考える」ようにしたほうが、書くスピードが速くなることがあります。

• 思いついた順番で書く

　仮に、「結論→理由→具体例→結論」の型を使って原稿を書くとき、具体例から書いたほうが書きやすいのであれば、具体例から書いてもかまいません。

• つながりは「あと」で考える

　経営学者で一橋大学名誉教授の伊丹敬之さんは、『創造的論文の書き方』（有斐閣）の中で、次のように述べています。

「書いてしまって、つながりが悪いところは、絶対何か論理が飛んでいるんですから、埋めるものをあとで書けばいい」

「上手な文章を書かなければいけない」「完璧な文章を書かなければいけない」という気負いは、負担になります。外山滋比古さんの言葉をお借りすれば、**「案ずるより書くはやさしい」**（『知的文章術』／大和書房）です。

「何を書くか」を明確にする

Point

☑ **文章の良し悪しは、「何を書くか」で大きく変わる**

　池上彰さんは、『書く力』（朝日新聞出版）の中で「読んでいて『あまり面白くないな』と感じてしまう文章は、ほとんどの場合、厳しい言い方のようですが、構成に工夫が足りないとか、表現力が足りないとかいう以前に、作者自身が『自分はこれから何を書くか』をはっきりとわかっていない」と指摘しています。

　文章の良し悪しは、「どう書くか」よりも「何を書くか」（＝テーマ、内容）で決まります。

　内容において重要なのは、次の2点です。

（1）読み手の役に立つこと（メリットを与えられること）

　読み手に読む価値を提供することが大事です。

　実用文や論文では、「課題に対する解決策」を具体的に提示する必要があります。

　書き手の個人的な感想ばかりでは、読み手にメリットを与えられません。

（2）独自の視点があること

　テーマや内容に「書き手独自の視点」や「読み手の知らない情

報」が盛り込まれていると、読み手の興味を引くことができます。

とはいっても、読み手の目が覚めるような「独創的なアイデア」や「稀少な情報」はなかなか出せるものではありません。
そんなときは、

- **自分の身のまわりに起きたこと**
- **自分が体験したこと**

を描くと、それが「独自の視点」に変わることがあります。

「身のまわりに起きたこと」「体験したこと」は、自分にしか書けないことであって、読み手の知らない情報です。

ジャーナリストの近藤勝重さんは、著書の中で、「**自分というパーソナリティを形成している体験こそが文章の最も大きな源泉、おおもとでして、作文というのはそのおおもとから記憶化された自分自身を引き上げて言葉にする作業にほかなりません**」(『書くことが思いつかない人のための文章教室』／幻冬舎)と述べています。

「自分にしか書けないこと」を書くコツは、「自分が何をしてきたか」を思い出すことです。
自分の体験が、文章の独自性につながることは多いものです。

文末の「である」と「ですます」を区別する

Point

✓ **文末表現をそろえて、統一感を出す**

文の終わりの言葉づかいを「文末表現」といいます。

文末表現には、2つの表現方法があります。

「である調」と「ですます調」です。

● である調………力強さやキレの良さを与える。

● ですます調……丁寧でやさしい印象を与える。

ひとつの文章では、文末表現をそろえるのが原則です。「である調」と「ですます調」をひとつの文章の中で混在させると、読みにくくなります。

本書では、本文は、基本的に「ですます調」で書き、説明文や箇条書きは「である調」です。

✕悪い例

　民主政治の原則である多数決は、人々の意見を集約し、決定する際に用いる方法である。多くの支持を得た者を代表者とすることによって、政治の安定化を図ります。

　選挙によって選ばれた代表者は、国民の代表者である。代表者は、すべての国民や住民のために職務を行ないます。

○**良い例1**「である調」で統一

　民主政治の原則である多数決は、人々の意見を集約し、決定する際に用いる方法である。多くの支持を得た者を代表者とすることによって、政治の安定化を図る。

　選挙によって選ばれた代表者は、国民の代表者である。代表者は、すべての国民や住民のために職務を行なう。

○**良い例2**「ですます調」で統一

　民主政治の原則である多数決は、人々の意見を集約し、決定する際に用いる方法です。多くの支持を得た者を代表者とすることによって、政治の安定化を図ります。

　選挙によって選ばれた代表者は、国民の代表者です。代表者は、すべての国民や住民のために職務を行ないます。

「ですます調」は、

- 「です」「ます」の繰り返しになって、**単調になりやすい。**
- 「である調」よりも**文章が冗長になりやすい。**

といった懸念があります。

　語尾の変化がつけにくいので、「です」「ます」以外のバリエーションを増やす工夫も必要です。

「ですます調」で書いたほうが文章は上達すると主張する作家もいます。

　日垣隆さんは、「敢えて『です』『ます』調で書くことによって、**確実に文章のレベルアップを図れるでしょう**」（『すぐに稼げる文章術』／幻冬舎）と述べています。

24位 体験談で説得力を高める

Point

☑ 自慢話はしない。読み手は「失敗体験」に共感を覚える

　説得力のある文章を書くコツは、自分が経験した「エピソード」を入れることです。

> ●エピソード……個人的な出来事、顧客（周囲の人）の出来事、会社の出来事などの事例や体験談。

◆エピソードを入れるメリット

- 体験談は、「その人にしか語れない」ので、圧倒的なオリジナリティになる（22位で詳述）。
- 「その話の結末はどうなるのだろう？」と読み手の好奇心をかき立てる。
- 抽象的な理論や概念を具体的に説明できる。
- 実際に体験した結果なので、説得力が増す。

×悪い例 エピソードなし

　筋トレを習慣化すると、ボディメイクにつなげることができます。

○良い例 エピソードあり

　筋トレを習慣化すると、ボディメイクにつなげることができます。
　私も筋トレの効果を実感しているひとりです。筋トレをする前は、好きなものを好きなだけ食べている生活でした。約１年で、体重が10kg近く増えてしまったのです。
　その後、筋トレを開始。週３回、１回40分の筋トレを６週間続けた結果、体重が３kg、体脂肪率が５％減りました。

　良い例 には、「以前は太っていた」「筋トレを６週間続けたら効果が出た」と実体験が書いてあるので、説得力があります。

　エピソードを載せるときは、「失敗体験」を選ぶと、読み手の共感を得やすくなります。
　プロフェッショナルスピーカーのリップシャッツ信元夏代さんは、著書の中で、「**ストーリーはマイナスのものがプラスに転じるほうが、聞き手には興味深く響きます。そしてどんなプロセスを経てマイナスをプラスに変えたのか、を是非知りたい！　と引き込まれることでしょう**」（『20字に削ぎ落とせ』／朝日新聞出版）と述べています。

　前述した **良い例** には、「かつては太っていた」というマイナスと、「筋トレをしてボディメイクに成功した」というプラスのエピソードが両方含まれています。
　自慢話をひけらかさないで、「失敗→成功」のプロセスをエピソード化すると、読み手の興味を引くことができます。

書き始める前に「考える」

Point

✓「構成要素」をあらかじめ箇条書きしておく

「とりあえず、書き始める」（21位）と提案する先達がいる一方で、「書き始める前に考えたほうがいい」と主張する先達もいます。

梅棹忠夫さんは、『知的生産の技術』（岩波書店）の中で、次のように説明しています。

「文章をかくという作業は、じっさいには、二つの段階からなりたっている。第一は、かんがえをまとめるという段階である。第二は、それをじっさいに文章にかきあらわす、という段階である。（略）かくべき内容がなければ、文章がかけないのは、あたりまえである」

- 第1段階……考えをまとめる
- 第2段階……文章に書きあらわす

梅棹忠夫さんが大切にしているのは、「第1段階」です。

なぜなら、文章を書くことは情報伝達行動だからです。伝達する情報が頭の中にでき上がっていなければ、「伝達しよう」という情熱が湧くことはありません。

「書く前に考える」ことで、書く内容が明確に整理整頓されます。

　では、どのようにして、考え（＝書く内容）をまとめればいいのでしょうか。

　考えるポイントは、次の２点です。

（1）構成（流れ）を考える

　構成を考えるときは、「型」（26ページ参照）を使うと、流れがつくりやすくなります。

（2）構成要素を箇条書きする

　頭の中だけで考えていると、書いているうちに論点がぼやけたり、まとまりがなくなることがあります。ですが、構成要素をあらかじめ書き出しておけば、書く方向を見失うことがありません。

80ページのコラムは、あらかじめ入れる項目を洗い出してから、執筆を始めている

結論	●横書きと縦書き、それぞれの向き不向きについて検証する ●最近、横書きが増えている ●横書きのほうが縦書きより読みやすいのではないか？
理由	●横書き、縦書き、それぞれのメリット ●言語学者や国語学者など、専門家の意見を入れる ●医学的、科学的根拠を示す
具体例	●なぜ、本書は横書きなのか。その理由について触れる ●読書教室などの生徒さんや先生の意見
結論	●横書きと縦書き、それぞれの向き不向きをまとめる

Point

☑ **同じ言葉は省略するか、言い換える**

　「１文の中に、同じ言葉が２回以上登場する」「段落の中に、同じ言葉が何度も出てくる」と文章のリズムが悪くなって、稚拙な印象を与えます。

　どちらかを削るか（３つ以上の場合は数を減らすか）、別の言葉に置き換えて、冗長さをなくしましょう。

✕悪い例

　①クルマ選びで大切なのは、②クルマに乗る人数や③クルマの用途、④クルマの予算などを踏まえて、自分にとってのベストな⑤クルマを選ぶことです。

○良い例

　①クルマ選びで大切なのは、乗る人数、用途、予算などを踏まえて、自分にとってのベストな１台を選ぶことです。

　悪い例 では、１文に「クルマ」が５回、繰り返されていて煩わしさを感じます。

　そこで、①だけを残し、②③④は削除。⑤は「クルマ」を「１台」に言い換えました。

✕悪い例

クルマを購入した①ことで、ドライブに行く②ことが多くなりました。クルマに乗る③ことで、気分転換する④ことができます。

○良い例

クルマを購入したことで、ドライブに行く機会が多くなりました。クルマに乗ると、気分転換できます。

悪い例 は、「こと」が４回繰り返されていて、回りくどい印象です。

③と④の「こと」は、意味を持たないため削除。

②は「機会」に言い換えました。「こと」を省略した結果、文章がスリムになって読みやすくなりました。

外山滋比古さんも、著書の中で、**「主題となることばはどうしてもくりかえし使う必要がある。しかし、なるべくそのままの形にしないで、似たような別のことばで言いかえる工夫をする」**（『知的文章術』／大和書房）と述べています。

同じ言葉や似た表現が続く場合は、「省略する」「言い換える」。言葉の重複を避けると煩わしさがなくなって、文章がすっきりします。

27位 「見出し」で内容を端的に伝える

☑ **本文を書き始める前に、先に見出しをつけておく**

新聞、雑誌、書籍、ウェブ記事には、必ず「見出し」がついています。

> ●見出し……記事の内容が一見してわかるように、文章の前に示す簡単な言葉。内容の要点を短い言葉にまとめたもの。

記事全体のテーマを示す見出しを「大見出し」、文章の区切りごとに入れる見出しを「中見出し（『ちゅうみだし』と読むことも）」「小見出し」と呼ぶこともあります。

このページでいえば、

「27位　『見出し』で内容を端的に伝える」

が見出し（大見出し）にあたります。

見出しは「何が書いてあるか」を事前に示す道標です。

スクール東京が発行している『悪文・乱文から卒業する　正しい日本語の書き方』（ディスカヴァー・トゥエンティワン）では、「**見出しと同じ内容の言い回しを、本文中にも使う**」ことをすすめています（ただし、語句を完全に一致させる必要はないそうです）。

　見出しの言葉を本文にも使うと、読者は見出しの内容を頭に入れながら、「こんなことが書いてあるのか」と期待してその先を読み進めることができます。

×悪い例（見出し）
相続税対策について
_____

○良い例（見出し）
億単位の資産を税金ゼロで引き継ぐ方法とは？

　悪い例 も **良い例** も、どちらも相続税対策について書いた文章であることがわかります。違いは、具体性です。

　良い例 のほうが「具体的に、どのような対策について書かれてあるのか」がわかります。

見出しのつけ方

①本文を書き始める前に「仮」でいいので見出しを先に考える
先に見出しを考えることで、テーマや構成が明確になる。
余計なことを書かなくなる。

②仮の見出しに沿って書く

③仮の見出しと本文の内容が合っているかを確認する

④本文を書き終わってから、もう一度、見出しを見直す
「仮タイトルよりも具体的に表現できないか」を考える。
「本文中のキーワードを見出しに使えないか」を考える。
「一番言いたいことは何か、見出しに使えないか」を考える。

日頃から
内面を豊かに耕す

Point

☑ 人生観がしっかりしていないと、感動を与えられない

「言葉は身の文」と言われるように、言葉は、書き手の人柄、品位、心の様子、生活をあらわします。

「言葉は心の使い」と言われるように、言葉は、その人が心に思っていることを自然とあらわします。

フランスの博物学者、ジョルジュ＝ルイ・ルクレール・ド・ビュフォンは、次の言葉を残しています。

「文は人なり」

文章は、その人の思考や思想、性格といった人間性を自然と反映します。

コップの中に半分の水が入っていたとき、「半分しかない」と書く人もいれば、「半分もある」と書く人もいます。

両者の違いは、人生観の違いです。

人生観とは、人生に対する見方のことです。

スクール東京が発行している『悪文・乱文から卒業する　正しい日本語の書き方』を読むと、文章の上達には、

「(1) 人生観」

「(2) 情報」

「(3) テクニック」

の3つの要素が必要であることがわかります。

「文章がうまくなるには、6割の『人生観』と、4割の『情報』と『テクニック』が必要である」（『悪文・乱文から卒業する　正しい日本語の書き方』／ディスカヴァー・トゥエンティワン）

　文章の良し悪しを決めるのは、テクニックや情報以上に、書き手の「人生観」です。

　人生観がしっかりしていなければ、読み手に感動を与えることはできません。

　元朝日新聞記者の辰濃和男さんも『文章のみがき方』（岩波書店）の中で**「結局は『内面』の深さがものをいうのではないでしょうか」**と指摘しています。

　しっかり自分と向き合うことができている人は、少しくらい表現が稚拙でも、読み手の心を打つことができます。

　反対に、テクニックをどれだけ磨いても、生き方がブレていれば、文章もブレてしまうのではないでしょうか。

　良い文章を書くには、テクニックだけでなく、自分の人格を磨くことも大切です。

29位 同じ主語が続くときは 省略してみる

　日本語は、主語を省略することができます。

　主語とは、「何が」「誰が」などをあらわす言葉です（102ページ）。主語を省いてもいいのは、次の2つの場合です。

◆ **主語を省いてもいい2つのケース**

（1）同じ主語が続くとき

　日本語は、前後の関係から主語を察することができます。主語が同じ場合は、省略をしたほうが文章はすっきりします。

○ 良い例

　吾輩は猫である。名前はまだ無い。どこで生れたかとんと見当がつかぬ。何でも薄暗いじめじめした所でニャーニャー泣いていた事だけは記憶している。（夏目漱石『吾輩は猫である』）

✕ 悪い例

　吾輩は猫である。吾輩の名前はまだ無い。どこで生れたか吾輩にはとんと見当がつかぬ。何でも薄暗いじめじめした所で吾輩がニャーニャー泣いていた事だけは吾輩も記憶している。

「吾輩」は、「名前はまだ無い」以降の文の主語であることが明らかなので、削除できます。すべての文に「吾輩」を入れると、文章の小気味良さが失われ、冗長な印象を与えます。

> **✕悪い例**
> 私は、私が持っている株を私の息子に譲渡した。
> _____
> **○良い例**
> 株を息子に譲渡した。

「私」をすべて削除しても、文意は伝わります。

（2）人々や世間が主語のとき

> **例文**
> 　マイホームを保有している場合、固定資産税を支払う必要があります。

　主語がなくても、固定資産税を支払うのは、「マイホームを保有している人」であることがわかります。

　劇作家の井上ひさしさんが、「名文家」の文章を調べてみたところ、共通点がひとつあったそうです。それは、「主語が抜けている」ことでした。
　文意が通じるのであれば、「私」「僕」といった人称代名詞（人物を指し示す代名詞）を削ったほうが、リズムは良くなります。

考えるために書く

Point

✓ 考えが整理されているから書くのではなく、
書くことで考えが整理される

言語は、コミュニケーションのツールであると同時に、思考の
ツールでもあります。

書くことは、伝達手段であると同時に、思考の手段でもありま
す。

『嫌われる勇気』（ダイヤモンド社）の共著者、古賀史健さんは「考え
るために書きなさい」と指摘し、次のように述べています。

「われわれは、理解したから書くのではない。理解できる頭を持
った人だけが書けるのではない。むしろ反対で、われわれは『書
く』という再構築とアウトプットの作業を通じて、ようやく自分
なりの『解』を摑んでいくのだ」（『20歳の自分に受けさせたい文章講義』
／星海社）

古賀さんのように、「書くことで、考えが整理される」と論じる
著者は少なくありません。

「ライティングとは考えの表現です。書いた人の思考スタイルが
如実に現れます。逆に言えば、ライティングの練習を重ねること

で、考えを研ぎ澄ますことができます」(山崎康司『入門 考える技術・書く技術』／ダイヤモンド社)

「考えたことを書くというより、書くことによって考えをはっきりさせる、という立場でいくことだ。そうすると、文章の訓練が思考の訓練になるということがはっきり理解できる。(略) 思想をもつとは文体をもつということなのだ」(花村太郎『知的トレーニングの技術〔完全独習版〕』／筑摩書房)

「『自分の考えを素直に書け』ではなく、『書くことによって自分の考えを作り出せ』と言うほうが、書くという行為にふさわしい。(略)『書く行為＝考えること』とみなすほうが、現実に近いのではあるまいか」(樋口裕一『ホンモノの文章力』／集英社)

「まとまった考えがあるから、書く」のではなく、「書くことによって、考えがまとまる」ことがあります。

　人間は言葉で物事を理解しています。言葉を使わなければ、考えることはできません。
「書くこと」と「考えること」を分けるのではなく、「書く行為＝考えること」とするのが、文章のプロたちの意見です。

テクニックで ごまかさない

31位

Point

✓ **自分の心を伝え、相手の心を動かすのは、テクニックより内容**

本書ではこれまで、たくさんの文章上達の秘訣をお伝えしてきました。しかし、それらのテクニックを巧みに使いこなせば、それだけで心を動かす文章が書けるわけではありません。

文章のルールに加え、「これだけはどうしても伝えたい」という思いや情熱がそろったとき、人の心を動かす文章になります。

「文章がうまく書けない」という苦手意識がぬぐえない場合は、「書きたい内容」に立ち戻ってみてください。

作家の川端康成も、「私は児童の綴方も好んで読む。稚い文章であろうとも、そこには文章のうぶな魂が生きている。文章の秘密は、技巧よりも情熱、姿よりも心といえるのであろう」（『新文章讀本』／新潮社）と、「情熱」や「心」の大切さを説いています。

メンタリストDaiGoさんも「書くべきなのは、表現が稚拙であろうと、言葉選びが洗練されていなくても、個人的な思いや背景が盛り込まれた文章です」（『人を操る禁断の文章術』／かんき出版）と述べています。

「美しく書こう」「うまく書こう」という気持ちが先走ってしまうと、ビジネス文書の例文集に出てくる定型文のようなありきたり

180

の文章になってしまいます。それよりも、「伝えたいこと」を確認
してから書き始めましょう。

×悪い例

　先日は転職の相談にのっていただきありがとうございまし
た。とても助かりました。また進捗をご報告いたします。

○良い例

　先日は転職の相談にのっていただきありがとうございまし
た。お会いして、もりもり元気が出ました。別れ際に「いつ
でも相談に来いよ」と言われたときは、涙が出る思いでした。
良いご報告ができるようにがんばります。

　良い例では、「何に感謝したい」のか、「自分にどんな変化があ
ったのか」を具体的に示すことで、感謝の気持ちを伝えています。

　セールスレター（商品を売ることを目的とした文章）や商品のボディコ
ピー（広告の本文となる部分）を書く際も、大事なのは「内容」です。
対象となる商品をまずはよく研究することで、はじめて良い文章
やボディコピーが生まれます。
　コピーライターの谷山雅計さんも、次のように述べています。
「『自分は文章がうまくないから、いいボディコピーが書けない』
という人がいますが、多くの場合、原因は文章力ではありません。
書こうとする『中身』をもたずに、とにかく原稿用紙のマス目を
埋めようとするからうまく書けないのです」（『広告コピーってこう書く
んだ！読本』／宣伝会議）

「一番好きな文章」を見つける

Point

☑ 「こんな文章を書きたい」と心から思える文と
出合えるまで、たくさん文章を読む

10位「『名文』を繰り返し読む」、20位「名文を書き写す・真似る」と、本書では「名文」に関連するポイントをいくつか取り上げました。

「名文」の定義について、文章のプロたちはそれぞれ考えを示しながらも、結局は同じ見解に至っていました。それは、**「自分がいいと思った文章が名文である」**ということです。

丸谷才一さんは、「**名文であるか否かは何によつて分れるのか。有名なのが名文か。さうではない。君が読んで感心すればそれが名文である。（略）いま配達されたばかりの新聞の論説でも、君が敬服し陶酔すれば、それはたちまち名文となる。君自身の名文となる**」（『文章読本』／中央公論新社）といっています。

川端康成は、「**優れた文章とは……私は確信をもって言い得る。凡ゆる用語を駆使し、凡ゆるセンテンスを自在に使いこなすことであろう**」（『新文章讀本』／新潮社）としながら、「**文章の初心者に望む第一は（略）己の心緒にふさわしい……言いかえれば、一番己の好きな文章をみつけることである**」と述べています。

182

　谷崎潤一郎は「文章のよしあしは（略）読者自身が感覚を以て感じ分けるより外に、他から教えようはないのであります」（『文章讀本』／中央公論新社）としながらも、もし、自分が名文とは何かの質問に答えるとしたら、

「長く記憶に留まるような深い印象を与えるもの
　何度も繰り返して読めば読むほど滋味の出るもの」
　と書いています。

　ジャーナリストの竹内政明さんは「一般的には、何をもって名文とし、何をもって悪文とするかは、そう簡単には言えないものですね。文章には相性というものがありますから」（『書く力』／朝日新聞出版）といいます。

　100人が100人、口をそろえて「おいしい」という料理を探すのは難しいものです。味覚は人によって違うからです。
　100人が「おいしい」という料理でも、あなたにとってどうかは、食べてみるまでわかりません。食べることなく、料理の味や好みを知ることはできないのです。

　文章も同様です。100人が「名文だ」といっても、あなたにとっても名文であるわけではありません。
　実際に読んでみて、自分がどう思うかを吟味すること。それなくして、あなたにとっての名文とめぐり合うことはできません。
「一番好きな文章」をぜひ見つけてください。

的確なインプットで オリジナリティを高める

Point

☑ **インターネットの情報に頼りすぎない**

☑ **情報をアップデートする**

　文章を書く前段階で大切なのは、書こうとするテーマについて調べることです。

　手元に十分な材料（＝調べたネタ）がなければ、筆も進みません。まずはインプットから始めます。

　名古屋大学大学院教授の戸田山和久さんは、「**どんな論文を書くにしても、自分の主張の論拠には、いろいろな資料や統計を調べたり、先行研究や批判しようとする相手の主張をまとめるという作業が不可欠だ**」（『新版　論文の教室』／NHK出版）と語っています。

　インプットの基本は次の３つです。

（1）資料を読む

　関連書、関連記事、情報元が確実な統計資料などで調べる。

（2）人に聞く

　書こうとするテーマについて詳しい人に聞く。

（3）映像資料を観る、音声データを聴く

　関連する映像があれば観て、音声データがあれば聴く。

　注意が必要なのはインターネット上の情報です。

　文章には独自性が求められます。誰でもアクセスできる情報のみで文章をつくろうとすると「どこかで見たような文章」になる可能性があります。情報源が似てしまうからです。

　池上彰さんは**「報告書や提案書には、まさにオリジナリティーが求められます。現場に行って初めて気づいた事実や現地で聞いた話、感じた自分自身の感性を大切にし、それを書面に反映させなければなりません」**（『伝える力』／PHP研究所）と述べています。

　独自性のある文章を書くには、インターネットの情報に頼らず、現場に足を運ぶなど広い情報源にアクセスしたほうがよいでしょう。

　書く能力を上げるには、日頃から自分の仕事に関する知識を最新のものにしておくのが有効です。

　佐藤優さんは、必要な情報を「調べて」、それをもとに「書く」という知的生産術の中で、その能力を上げるには**「第一段階として重要なのはインプットだ。中学～高校の教科書レベルの基礎学力をつけることと、自分の仕事に関する知識をアップデートすることである」**（『調べる技術　書く技術』／SBクリエイティブ）と述べています。

わかりにくい
カタカナ語は日本語に

34位

Point

☑ **自然な日本語にできる言葉はなるべく置き換える**

文章の中にカタカナ語が多いと読みにくくなります。

> ●カタカナ語……カタカナで表記される語のこと。すでに日本の生活に根付いている外来語も含まれる。

　意味のわからないカタカナ語が出てくると、読み進められなくなることもあります。また、カタカナ語は対応する日本語より1単語の文字数が多くなりがちです。
　すでに日常でよく使われている外来語、「テレビ」「スーツ」などは別にして、それ以外のカタカナ語はできるだけ使わず、日本語に置き換えましょう。

✕悪い例

　コア・コンピタンスを明確にし、シナジーを創出して、プレゼンスを発揮しよう。

○良い例

　独自の強みを明確にし、協働による相乗効果によって、影響力を高めよう。

「コア・コンピタンス」「シナジー」「プレゼンス」を日本語に変えたことで、すっきり読みやすくなりました。

　専門書で、その業界では誰もが意味がわかっているカタカナ語であれば、使っても差し支えありません。一般の人が読む文章で、どうしてもカタカナ語を使いたい場合は、説明を入れるようにします。

ビジネスで使われるカタカナ語の一例

カタカナ語	日本語
アカウンタビリティー	説明の義務、責任
アサイン	割り当てる、任命する
ギミック	工夫、仕掛け
キャパシティ	収容能力、受容力、定員
コミットメント	関与、確約、誓約
コンセンサス	合意
コンプライアンス	法令遵守
スペック	仕様書
ソリューション	問題解決の手段、方法
タイト	余裕がない、緊迫した、ぴったりした
デフォルメ	誇張、対象を変形して表現すること
ナレッジ	知識、情報
ニッチ	市場のすき間
パートナーシップ	協力関係
バイアス	偏見、先入観
パラダイム	枠組み
パラドックス	逆説
プライオリティー	優先順位
プロパー	正式な、生え抜きの社員、正社員
マター	担当、問題
モラルハザード	倫理の欠如
ユニバーサルサービス	全国均質サービス
リーク	漏洩、暴露
リテラシー	知識、教養
レギュレーション	規則、規定
レジュメ	要約、履歴書

ビジネス文書・論文は「話し言葉」より「書き言葉」

Point

☑ **オフィシャルな文章で話し言葉を使うと稚拙になる**

　ビジネス文書や論文など、オフィシャルな文章では話し言葉を避け、書き言葉を使うようにします。話し言葉が混在すると、稚拙になったり、文章が冗長になるからです。

> ●話し言葉……会話する際に使う言葉。「どっち」「ちゃんと」など。
> ●書き言葉……文章に用いる言葉。「どちら」「きちんと」など。

　井上ひさしさんは、「話し言葉は、(略)『会話態』、『講話態』、『ゆるやかな講話態』の三つに大別されると思うが、これらの話し言葉と、書き言葉とは、お粥と赤飯ほどもちがうのである。(略)極言すれば言と文との一致はあり得ない。(略)冗長性こそは話し言葉の大きな特徴のひとつ」(『自家製　文章読本』／新潮社)と述べています。

　ジャーナリストの小笠原信之さんは「話し言葉は品格を失う」(『伝わる！　文章力が身につく本』／高橋書店)と書いています。

✕悪い例

　朝、電車が止まってしまい、会社に遅刻しそうになったから、マジであせりました。それから、乗り換えたバスも渋滞に巻き込まれ、「ヤバイ」と思って、次のバス停で降りて、会社まで全力疾走しました。

○良い例

　朝、電車が止まってしまい、会社に遅刻しそうになったため、本当にあせりました。また、乗り換えたバスも渋滞に巻き込まれ、「このままでは遅れる」と思い、次のバス停で降りて、会社まで全力疾走しました。

「マジ」「ヤバイ」など、つい使ってしまう話し言葉のほか、「～から」といった接続助詞や「それから」のような接続詞も話し言葉ですので、注意が必要です。

話し言葉から書き言葉への言い換え例

話し言葉	→	書き言葉	話し言葉	→	書き言葉
いろんな	→	いろいろな	それから	→	また
～から	→	～ので	ちっとも	→	少しも
～けど	→	～けれど	でも	→	しかし
～けど	→	～だが	～なんて	→	～などは
～してる	→	～している	マジで	→	本当に
じゃあ	→	では	～みたい	→	～のよう
～じゃない	→	～ではない	やっぱり	→	やはり

ビジネスメールは簡潔さが命

Point

☑ 件名と最初の３行で要件がわかるように書く

　ビジネスメールは、移動中や打ち合わせのあいまなど、すき間時間に見ることが多いものです。人によっては、日々、大量のメールを処理する必要があります。受信者の時間を必要以上に奪わないためには、簡潔に要点が伝わるメールを送りましょう。

　そのためには、「**件名と最初の３行で要件がわかるように書く**」ことです。

　メンタリスト DaiGo さんも『人を操る禁断の文章術』（かんき出版）の中で「**ポイントとなるのは、最初の３行。ここに必要な情報を網羅すること**」と書いています。

　メールを書くときには、次の３点に気を付けます。

ビジネスメールを書くときの３つの注意点

　①件名は具体的にして、読み飛ばされないようにする。
　②あいさつ文以降の最初の２、３行で要件をまとめる。
　③長い文章を書かない。

　メールは上から読んでいきますので、最初に要件をまとめることが大切です。社内や、身近な人へのメールであれば、要件を簡条書きで伝えてもよいでしょう。

わかりやすいメールの書き方

✉	【お伺い】新型モーターのパンフレット納期と部数の件
差出人	鈴木信夫
宛先	tanaka@◇◇◇◇◇.co.jp
CC	鈴木信夫
件名	【お伺い】新型モーターのパンフレット納期と部数の件

株式会社○○　制作部　田中様　　　━━ **件名には具体的な内容を入れる**

いつもお世話になっております。
◇◇社の鈴木です。　　　━━ **あいさつ文のあと、最初の2、3行で
メールの要件がわかるようにする**

ご依頼中の新型モーターのパンフレットの件で、
納期の前倒しと、部数の追加をお願いしたいです。

(1) 納期の1か月前倒しは可能でしょうか。━━ **要件を分け、見やすくする**
現在納期を3か月後の8月末としています。
しかし、商品が予定より1か月早く納品される見込みです。
そこで、パンフレットの納期も1か月前倒しにしていただけると
助かります。

　　　　　　　　　　　━━ **読みやすいように行を空ける**
(2) 刷り部数の500部追加は可能でしょうか。
新規開拓の店舗が増えたため、現在の3000部に加え、
さらに500部追加して納品していただきたいです。

ご多忙のところ、誠に恐れ入りますが、
上記2点をご検討のほど、何卒よろしくお願いいたします。
＝＝＝＝＝＝＝＝＝＝＝＝＝＝＝＝＝＝
◇◇社　宣伝部　鈴木信夫
Mail：○○○@△△.jp　Tell：00-0000-0000
住所：〒100-0000 東京都○○区××町△番
＝＝＝＝＝＝＝＝＝＝＝＝＝＝＝＝＝＝

イメージまで共有できれば誤解なく伝わる

Point

☑ 誤解を防ぐコツは、「イメージの共有」と「正確に伝えること」

　文章術の本を読んでいくと、最初のほうで「文章とはそもそも……」と説明している著者が多いことに気づきます。

　それは、文章とはどんなものか、読者が「文章」について、同じイメージを持つよう定義づけしているからです。

　物事を誤解なく、つまり、事実と合っていて間違いのないように伝えるには、**相手が文章を読んだときに抱くイメージと、書き手の伝えたいイメージを一致させること**が大切です。

　文章は、誰が読んでも共通のイメージを持つように書きましょう。

　その上で、9位で取り上げた「『正確さ』こそ、文章の基本」で紹介したように、正しい情報を漏れなく伝えることで、読み手の誤解を防ぐことができるのです。

　とくに、ビジネス文書などの実務の文章や論文を書く上では、「誤解なく伝えようと心がけること」が重要です。

　文章を書いていると、気づかないうちに、ぼやけた内容になることがあります。

> **✕悪い例**
>
> 浜辺では、数組の家族が水遊びを楽しんでいた。
>
> ---
>
> **◯良い例**
>
> 浜辺では、幼い子どもを連れた３組の親子が水遊びを楽しんでいた。

「数組」は文章の受け手によってイメージする数が異なります。「たくさん」「少人数」といった言葉も同様で、あいまいです。「３組」と書けば、誰もが同じ「３組」をイメージできます。あいまいな表現を避け、できるだけ正確に具体的に書くようにしましょう。

　正確に書くために効果的なのは、書きながら「これは誰にとっても同じイメージか」「この内容は本当に合っているか」と自問自答することです。

　文章論が専門で文章術の著作も多い石黒圭さんも「**論文にもまたツッコミが必要です。（略）ウソを見破るツッコミです。論文を専門家が真剣に読む場合、１文１文『これって本当？』と疑いながら読んでいきます**」（『論文・レポートの基本』／日本実業出版社）と、専門家たちが実践しているウソの見破り方について明らかにしています。

　推敲のときは、「これって誰が読んでも同じ？」とツッコミを入れて読み返して、読み手に誤解なく伝えましょう。

発見や違いを盛り込んで 文章を「おもしろく」する

Point

✓ 好奇心や興味を持たれれば、
　それだけで読まれる文章になる

　38位は、「発見や違いを盛り込んで文章を『おもしろく』する」
です。

　そもそも、なぜ、文章において「おもしろさ」が求められるの
でしょうか。

　野口悠紀雄さんは、論文や解説文、報告書、評論、企画書、批
評、エッセイ、紀行文などの目的は、**「読者を説得し、自分の主張
を広めることだ。そのためには、内容が有益であり、読者が興味
をもって読み始めるものでなければならない」**（『「超」文章法』／中央
公論新社）と書いています。

　興味を持って読んでもらうにはおもしろさが必要なのです。

　おもしろい文章の条件とは何でしょうか。文章のプロたちの話
をまとめると次の3つに集約されます。

（1）謎ときと発見がある

　前出の野口さんは**「論述文における『面白さ』は、多くの場合、
謎解きと発見の面白さだ。つまり、好奇心を呼び起こし、それを
満たしてくれることである」**と述べています。

> **例文**
> ○○さんは20代の前半で一生分のお金を稼ぎ、25歳でセミリタイアを果たした。その方法についてたずねた。

「どうやって、そんなことができたのか」好奇心をくすぐることができます。

（2）人と異なる意見が書かれている

　ほかの人と違う意見は、裏付けがあれば、興味を持って読んでもらえます。

> **例文**
> 多くの人はスマートフォンを使っている。しかし、私はガラケーにこだわる。使えなくなったら、ガラホ（＝進化型ケータイ）にする。ガラケーには意外なメリットがあるからだ。

　スマートフォン派が圧倒的に多く、ガラケーは少数派。説得力のある根拠が示せれば、おもしろく読んでもらえるでしょう。

（3）構成が工夫されている

　古賀史健さんは「**文体の妙、文章の個性、あるいは文章の面白さ。これらを決めているのは、ひとえに構成である。論理展開である**」（『20歳の自分に受けさせたい文章講義』／星海社）と述べています。

　ストーリーのつくり方によって、文章はおもしろく構成できます。構成については、168ページを参考にしてください。

39位 根拠を示す

Point

☑ **客観的で信頼性の高い数字やデータで示す**

　説得力のある文章は、「論理的で正確」である必要があります。不確かで、あいまいに書かれていると、読み手の中には納得できずに読むのをやめてしまう人も出てくるでしょう。

「論理的で正確」な文章にするには、根拠を示していく必要があります。根拠とは、主張のよりどころや支えになるもののことです。根拠の示し方には、次のようなものがあります。

（1）研究、調査結果をデータ（数字など）で示す

　○○会社のアンケート調査によると、目の疲れを感じている成人は80%以上にのぼった。

（2）専門家の見解を紹介する

　眼科医の△△先生も、「緑黄色野菜に含まれる色素成分、ルテインは目にいい」と言っている。

（3）自分の体験を述べる

　パソコンを長時間使うと画面がぼやけて見えます。そんなときには目をぐるぐる動かしたり、目薬をさすと改善します。

（4）著名人の事例を紹介する

　タレントの○○さんは、目を守るために、毎日の朝食で、緑黄色野菜を欠かさずに、食べているそうです。

（5）資料（本など）から引用する

　○○大学の△△教授は著書『○○○』において、「果物の○○に含まれる××は目の疲労回復効果が期待できる」と書いています。

✕ 悪い例

　健康のためには水をたくさん飲んだほうがいい。人の体は水でつくられているからだ。

〇 良い例

　健康のためには水を飲んだほうがいい。厚生労働省発表のデータによると、生活しているだけで1日に2.5ℓもの水分が失われている。食事中の水分や体内でつくられる水を差し引いても、意識して水を飲まないと1.2ℓの不足となる。

　悪い例 は、根拠があいまいで説得力がありません。一方、**良い例** では、根拠となる具体的な数字やデータの出所を示しています。根拠を示すことで、水を多く飲んだほうがいいと納得できます。

　文章に根拠が必要なのは、誰もが事実と認識している事柄ではない、自分の意見を書く場合です。

　哲学者の野矢茂樹さんの言葉をお借りすれば、「**自分の考えを述べる場合には、どうしてそう考えるのか、その根拠を示す必要がある**」（『増補版　大人のための国語ゼミ』／筑摩書房）のです。

過去形と現在形を交ぜると文章がいきいきする

40位

✓ 現在形の表現で、文章にリズムとライブ感をプラスする

　日本語の文章において、過去形と現在形を交ぜることで次の2つの効果が生まれます。

◆過去形と現在形を交ぜる2つの効果

（1）文章にリズムができる

　過去形と現在形をうまく交ぜることで、文章にとって大切なリズムをつくることができます。

　作家の三島由紀夫も「**私はまた途中で文章を読みかえして、過去形の多いところをいくつか現在形になおすことがあります。これは日本語の特権で、現在形のテンスを過去形の連続の間にいきなりはめることで、文章のリズムが自由に変えられるのであります**」（『文章読本』／中央公論新社）と述べています。

　過去形だけで書くと、文章が単調になるので注意が必要です。

　●テンス……時制のこと。

✕悪い例

　昨日まで新潟の魚沼地方に いた 。友人と会い、毎日コシヒカリ

> の新米を食べた。新米はうまかった。1粒の梅干しと焼き鮭で、2
> 膳おかわりをした。来年も新米の時期に訪れたいと思った。

○良い例

昨日まで新潟の魚沼地方にいた。友人と会い、毎日コシヒカリ
の新米を食べる。新米はうまい。1粒の梅干しと焼き鮭で、2膳
おかわりをする。来年も新米の時期に訪れたい。

悪い例 は過去形だけで綴られ、単調な印象です。

良い例 は「食べる」「うまい」「おかわりをする」と現在形に
したことで、文章にリズムができました。

(2) ライブ感が生まれる

過去形で書くと終わった出来事に感じますが、現在形を使うと
今そこで行なわれている印象になります。

朝日新聞のベテラン校閲者の前田安正さんも「**過去形の話のな
かにうまく現在形を使うと、ライブ感が出てくる**」(『マジ文章書けな
いんだけど』／大和書房) と書いています。

例文

晩秋の公園に散歩に出かけた。風がそよぐと枯れ葉が舞う。
それを追いかけていた小さな子が転んだ。泣きながらも自分
で立ち上がる。見ていた大人たちから安堵のため息がもれた。

例文 のように過去形の話に現在形を入れることで、目の前で
起きているようなライブ感が生まれます。

「文章術のベストセラー100冊」の ポイントを活かして文章を直してみた！

1位 文章はシンプルに	**21位** とりあえず、書き始める
2位 伝わる文章には「型」がある	**22位** 「何を書くか」を明確にする
3位 文章も「見た目」が大事	**23位** 文末の「である」と「ですます」を区別する
4位 文章は必ず「推敲」する	**24位** 体験談で説得力を高める
5位 「わかりやすい言葉」を選ぶ	**25位** 書き始める前に「考える」
6位 比喩・たとえ話を積極的に使う	**26位** 同じ言葉の重複を避ける
7位 接続詞を「正しく」使う	**27位** 「見出し」で内容を端的に伝える
8位 思いつきはメモに、思考はノートにどんどん書く	**28位** 日頃から内面を豊かに耕す
9位 「正確さ」こそ、文章の基本	**29位** 同じ主語が続くときは省略してみる
10位 「名文」を繰り返し読む	**30位** 考えるために書く
11位 主語と述語はワンセット	**31位** テクニックでごまかさない
12位 語彙力をつけろ、辞書を引け	**32位** 「一番好きな文章」を見つける
13位 「、」「。」をテキトーに打たない	**33位** 的確なインプットでオリジナリティを高める
14位 段落はこまめに変える	**34位** わかりにくいカタカナ語は日本語に
15位 とにかく書く、たくさん書く	**35位** ビジネス文書・論文は「話し言葉」より「書き言葉」
16位 「わかりにくい」と思ったら修飾語を見直す	**36位** ビジネスメールは簡潔さが命
17位 「書き出し」にとことんこだわる	**37位** イメージまで共有できれば誤解なく伝わる
18位 「読み手」を強く意識する	**38位** 発見や違いを盛り込んで文章を「おもしろく」する
19位 「は」と「が」を使い分ける	**39位** 根拠を示す
20位 名文を書き写す・真似る	**40位** 過去形と現在形を交ぜると文章がいきいきする

　ここまで、「文章の書き方」のベストセラーから、そのポイントだけを抜き出して紹介してきました。たしかに納得感のあるランキングでしたが、

　「100冊が教えてくれたポイントをおさえると、本当にうまい文

章・伝わる文章が書けるの？」

　という疑問を持たれた方もいるかもしれません。

　そこで、本書の付録として、紹介した40のポイントを使った実際の文章力アップの様子を見ていただこうと思います。

　次のページから、

1 ビジネスメール

2 一般的なメール

3 プレゼン資料

4 ブログやSNS、短いコラム等の原稿

　の４例を掲載します。

　 Before は、実際に送られてきたメールや見たことのある資料、文章講座で受講生に書いてもらった原稿です。4はページの都合上、原稿を短くしており、また固有名詞などは一部変更したり削除したりしていますが、それ以外の手は入れていません。

　 After は、その文章を、本書で紹介した40のポイントに従って「推敲（４位）」し、わかりやすい文章に書き換えました。

　推敲の際の着眼点やおもな手順は Point に簡単にまとめています。

　 Before の中には、極端な例もあります。しかし、書きっぱなしで推敲をしない文章には、少なからず、これらの文章と同様の改善すべき点が見られます。

　内容が同じでも、書き方に気を付けるだけで印象や伝わり方はガラッと変わります。その変化をぜひ、体験してみてください。

1 ビジネスメール

Before

《件名》与算資料の件
《差出人》宮本沙織
《宛先》小川真理子

☆☆株式会社
小川様

お世話になっております。ABC商事の宮本です。先日の予算ですが、さきほどコンセンサスとれクラウドにUPしました記載しているのが以前お話しした数値化の意味です。共有のためにお送りしますので返信不要です。

宮本

Point

Before の文面は、時間がない中で書かれたものなのか、内容があいまいです。「読み手」に伝えるためには、次のような書き換え案が必要です。

- 文章も「見た目」が大事（3位）／段落はこまめに変える（14位）
  →改行や段落を増やし、読みやすくする。
- 「正確さ」こそ、文章の基本（9位）
  →件名の誤字を修正する。何の予算なのか明確にする。

- •「、」「。」をテキトーに打たない（13位）
  →意味の区切れごとに「、」を打ち、文末に「。」を入れる。

After

《件名》予算資料の件
《差出人》宮本沙織
《宛先》小川真理子

☆☆株式会社
小川様

お世話になっております。ABC商事の宮本です。

3月18日に口頭でご相談したＡ案件の予算について、弊社社内で合意が取れました。その資料を、情報共有のため、下記サーバーにアップしましたので、ご確認ください。

https://×××.△△△

先日説明不足だった「数値化」の意味も追記しております。なお、本メールは共有のためにお送りしましたので返信不要です。

宮本

2 一般的なメール

《件名》昨日のお礼
《差出人》宮本沙織
《宛先》藤吉豊

藤吉さま

こんにちは。宮本です。
昨日はありがとうございました。文章を分かりやすく書くためには、１文を短くする事と文章の型を覚える事は大切とのお話、分かりやすかったです。私は少しずつでも、より多くの人に誤解なく分かりやすい文章を書くために、専門用語を使わないで物事を伝えることは重要ですが、実践していきたいと思っています。また、自分にとっての名文を、必ず、来週までに見つけておきます。また、しっかり身につくように誤解なく分かりやすい文章を書く秘訣を教えて下さい。

宮本

Point

書きたいことがたくさんある場合には、とにかく「文章はシンプルに（１文を短く、ワンセンテンス・ワンメッセージに）」を意識しましょう。すると自然にわかりやすく、読みやすい文章に変わります。

- 文章はシンプルに（1位）
  → １文が60文字以内になるように、文章を区切る。
    ワンセンテンス・ワンメッセージを意識する。
    「分かりやすい」「分かりやすく」の頻出度を少なくする。

- 文章も「見た目」が大事（3位）
  →「事」「下さい」「分かる」をひらがなにする。
  　空白行を設ける。
- 主語と述語はワンセット（11位）
  →主語と述語をかみ合わせる。
- 段落はこまめに変える（14位）
  →内容の切れ目で改行をする。
- 「わかりにくい」と思ったら修飾語を見直す（16位）
  →修飾語と被修飾語を近づける。

After

《件名》昨日のお礼
《差出人》宮本沙織
《宛先》藤吉豊

藤吉さま

こんにちは。宮本です。

昨日は、文章をわかりやすく書くためのお話をありがとうございました。
とくに、「1文を短くすること」と「文章の型を覚えること」の大切さが
理解できました。
まずは、少しずつでも「専門用語を使わないで物事を伝える」ことを実
践していきます。

また、来週までに必ず、「自分にとっての名文」を見つけておきます。
来週も、誤解なくわかりやすい文章を書く秘訣を教えてください。
しっかり身につけたいと思います。

宮本

・**従来品の問題点**：音声認識機能が弱く、日本語・英語など言語に関係なく、聞き取った文章に間違いが多いため、後で手入力で修正をし直さなければならず手間がかかる。

・顧客アンケートで不満な点はあるかと聞いたところ、
　「音声が正しく聞き取られない」という意見が圧倒的に多い結果に。
　　→音声認識機能に改良が必要

・新商品では新しいマイクを導入。
・新商品の特徴は、試作品で試した結果、音声認識の間違いが半減。
　外などうるさい環境でも使用可能。コスト面でも以前よりダウン。

Point

　この例ほど極端でなくても、1枚のスライドに情報を盛り込みすぎれば、伝わりにくくなります。

　プレゼン資料は、通常の文章以上に「聞き手（＝情報の受け取り手）」を強く意識することが大切です。見た目も内容も「シンプル」にすることがポイントです。また、図やグラフを用いれば、より効果的に伝えることができます。

・文章はシンプルに（1位）
　→プレゼン資料は、ワンスライド・ワンメッセージに。
　　文章も短く、簡潔にまとめる。

- 文章も「見た目」が大事（3位）

  →見る人を意識すると、伝わり方は変わる。

- 「わかりにくい」と思ったら修飾語を見直す（16位）

  →ビジネスシーンでは、数字を積極的に使うなど、より具体的に表現する。

After

従来品の問題点と顧客の評価

- **従来品の問題点：**
  - 音声認識機能が弱い（日本語・英語など言語に関係なく、聞き取った文章に間違いが多い）
  - 手入力での修正が必要となり、手間がかかる

- **顧客アンケート：**

「従来品に、不満な点はありますか？」　「不満な点は、どこですか？（複数回答可）」

→**音声認識機能に改良が必要**

新商品のコンセプト

- 新しいマイクを導入

- 試作の結果、音声認識の間違いが「8%→1%」へ

- 屋外など、うるさい環境でも誤差「0.5%」

- コスト面：1台当たり30%カット

4 ブログやSNS、短いコラム等の原稿

Before

お金が貯まらない人の共通点

　5年経たずに1000万円貯金できる人もいれば、なかなか貯まらない人など、いろいろな方がいます。貯まらない原因として計画性が必要、支出状況の把握ができていない等と言われますが、貯金の実態とお金が貯まらない人の特徴と対策をまとめました！

　1つめは、無理に貯金していることです。そうしないと貯金できないよ！と思うかもしれません。ですが、余裕がない状態で貯めている人は、必ずと言っていいほどお金を引き出します。ですから、一向にお金が増えていくイメージが持てません。貯金は50万が100万に、200万にと徐々に増えていく楽しみがモチベーションにもつながりますので、途中で引き出すくらいなら毎月の貯金額を見直しましょう。毎月の貯金額を多少減らしても、日々の金銭的余裕がでると不思議なことにお金は増えていきます。
　2つめはお金の勉強不足です。お金を貯めようと思えば、誰でもできることだと思います。その分かれ道のひとつがお金への知識や理解があるかどうか。お金について知識を得ようとする人としない人の貯金額の差は比例します。お金を順調に貯めている人はお金に関する本を読んだり、講座を受けたりしています。お金の知識がついてくるとお金でお金を稼ぐ「投資」に興味がでたり、より貯金が楽しめるはずです！

　いろんな人の貯金の仕方をみて感じたことは貯金と言ってもただ貯めるだけでは目標金額にはたどりつけないです。そこには工夫があり、自分との向き合いが必要になります。そのサポートとして、専門家の力を借りてみるのも手かもしれません。

Point

　テーマを自由に選べるブログやSNSなどの文章の場合、書く内容が魅力的であれば、読者の興味を引くことができます。

　同じ内容でも、文章の共通ルールに気をつけると、わかりやすくなり、「もっと読みたい」と思われる文章にすることができます。

- 「『見出し』で内容を端的に伝える」（27位）

　→ブログ、SNS、ウェブの記事はとくに「見出し」に配慮する。

- 文章はシンプルに（1位）

　→1文が60文字以内になるように、文章を区切る。

- 「書き出し」にとことんこだわる（17位）
  → 魅力的な書き出しで、読者のモチベーションを高める。
- 段落はこまめに変える（14位）
  → こまめに改行をすると見た目が読みやすくなる。

After

5年で1000万円貯められる人、貯められない人

　あなたはいくら貯金がありますか。

　アラサーの女性で、5年経たずに1000万円を貯金できる人もいれば、1円も貯められない人もいます。お金を貯めるには計画性が必要で、貯まらない人の多くは支出状況が把握できていないなどとよくいわれます。しかし、実際はどうでしょうか？

　ここでは、貯金の実態とお金が貯まらない人の特徴と対策をまとめてみました！

【お金が貯まらない人の2つの理由】

1　無理に貯金している

　「無理にでも貯めないと貯金できないよ！」と思うかもしれません。

　ですが、実は貯金において無理は禁物です。

　なぜなら、余裕がない状態で貯めている人は、必ずといっていいほど、途中でお金を引き出してしまうからです。それでは、お金が増えていくイメージが持てません。

　50万円が100万円に、100万円が200万円にと徐々に増えていく楽しみが貯金のモチベーションにつながります。ですから、途中で引き出すくらいなら毎月の貯金額を見直しましょう。毎月の貯金額を多少減らしても、日々の金銭的余裕を持つこと。すると不思議なことに、どんどんお金は増えていきます。

2　お金の勉強不足

　お金は貯めようと思えば、誰でも貯められます。それなのに、できる人とできない人に分かれるのはお金への知識や理解があるかないかが原因のひとつ。お金について知識を得ようとする人としない人の貯金額の差は比例します。

　順調に貯めている人はお金の本を読んだり、お金に関する講座を受けたりしています。

　お金の知識がついてくると、ただ節約に励むだけでなく「お金でお金を稼ぐ」投資に興味が出るなど、より貯金を楽しめるはずです！

まとめ

　さまざまな人の貯金の仕方を見て感じたのは、貯金といっても「ただ貯めるだけでは目標金額にはたどりつけない」ということです。計画性や支出の把握だけでなく、モチベーションを高め、継続する工夫や自分と向き合うことが必要になります。

　貯金に悩んでいる方は、専門家の力を借りるのも手かもしれません。

「文ハ　是レ　道ナリ」

藤吉 豊

　本書は、昭和の文豪から令和のブロガーまで、「文章のプロ」が身につけている「書き方のエッセンス」を1冊にまとめたものです。

　文章読本の多くは、その本の著者がみずから実践している書き方を紹介しています。

　一方で本書は、「藤吉と小川が実践している書き方」にはほとんど触れていません。著者の色を出さず、第三者の立場で、客観的に、粛々と、「書き方のコツをランキング化する」ことにこだわったからです。

　ですが、担当編集者の宮本沙織さんから「『おわりに』では、お2人自身のことも書いてみては?」とご提案いただきました。そこで「おわりに」を2つに分けて、僕と小川が
「文章を書くときにもっとも大切にしていること」
　について、少しだけ触れさせていただこうと思います。

　藤吉と小川は、かつて同じ編集プロダクションに在籍していました。編集プロダクションとは、出版社や広告代理店などから書籍、雑誌などの編集実務を委託される会社（下請け会社）のことです。

　現場主義、即戦力主義の会社だったため、編集の「へ」の字もわからないまま取材に行かされ、原稿を書かされ、ダメ出しをさ

れ、書き直し、またダメ出しをされ、書き直し、またダメ出しを
され……を繰り返して、文章の書き方を実践的に身につけてきま
した。

　その後、僕は出版社に移り、自動車専門誌の編集長を経て、20
01年に独立。2018年９月には、「文章の書き方」と「書く楽しさ」
を伝える会社、「株式会社文道」を立ち上げました。
　現在は、「書く仕事（＝ライター）」と「書き方を伝える仕事（＝講
師）」の二足の草鞋を履いています。

　僕が文章を書くときにもっとも大切にしていること、それは、
「愛語の実践」
です。
　愛語とは、禅語（禅の言葉）のひとつで、

「心のこもったやさしい言葉」
「親しみのある言葉」
「愛情のこもった言葉」

のことです。
　この禅語を教えてくださったのは、愛知県小牧市にある名刹、
「大叢山 福厳寺」の大愚元勝住職です（僕が大愚住職の初著書『苦しみの
手放し方』（ダイヤモンド社）の編集制作に関わらせていただいてからのご縁です）。

「書く力」は、読み手の人生を変えるほどの大きな力を持ってい
ます。

だからこそ、人を非難したり、傷つけたり、差別したり、中傷したり、炎上させるために言葉を使うのではなく、人を励ましたり、勇気づけたり、元気にするために言葉を使いたい……。
　それが文道の気構えです。

「株式会社文道」という社名は、大愚元勝住職に命名していただきました。
「文道」とは、「文ハ　是レ　道ナリ」の略語です。

「文」＝「書くこと」
「道」＝「人生」「道徳、道理」

「書くことは、人生そのものである。書くことは、人がふみ行なう道徳・道理である」

　という思いが込められています。

　僕たちが行なってきた「書く」という行為は、僕たちの人生そのものです。
　そして、僕たちが紡いできたインタビュイー（＝取材対象者）の想いは、その人たちの人生そのものです。
　インタビュイーの想いや、願いや、ノウハウや、哲学や、専門性を汲み取る作業は、その人の「人生」を照らすことだと思います。
　まさに、「文ハ　是レ　道ナリ」です。

　「書くこと」を通じて、その人、その企業の「生きざま」に寄り添いたい。

　その「生きざま」をより多くの方々に伝えるお手伝いがしたい。それが「文道」の願いです。

　本書が、多くの人の「書く力」のレベルアップに役立つことを願っています。

　ぜひ、「書くこと」を楽しんでください。

おわりがはじまり。さあ、書き始めよう

小川真理子

　ライターの仕事を始めて約30年になります。

　最初、当時大手といわれた編集プロダクションに就職しました。営業力があったのか、バブル崩壊直後の恩恵か、書籍、PR誌、雑誌……と書くことに関するあらゆる仕事の依頼が、山のようにきていました。

　社員は80名近くいましたが、とにかく仕事の量が多いので、ひとりでいくつもの仕事を並行して抱えなければなりませんでした。

　毎日が締め切りの日々。

　恋をしている時間もありませんでした。

　あっ、してたかも（笑）。まっ、それはさておき。

　書いたものを上司に見せて、チェックをしてもらい納品。終わると、すぐに次の締め切りに向けて執筆が待っていました。

　書いて、書いて、書きまくっていました。

　その後、フリーランスになりましたが、振り返れば、この編集プロダクションで書きまくっていた日々が、自分の文章力の基礎をつくってくれました。

　本書では40項目におよぶ有用な文章作成の「心構え」「テクニ

ック」「上達法」を紹介しています。

　もし、この中でもとくに効果のある、文章上達の方法は何かと聞かれたらこう答えるでしょう。

　とにかく書く、たくさん書く（15位）。

　梅棹忠夫さんも『知的生産の技術』（岩波書店）のあとがきの中で、次のように述べています。

「くりかえしいうが、実行がかんじんである。実行しないで、頭で判断して、批判だけしていたのでは、なにごとも進展しない。（略）安直な秘けつはない。自分で努力しなければ、うまくゆくものではない」

　本当にそうなんです。本書はとてもとてもいい本ですが、読んだだけでは、何も変わりません。

　本書をひと通り読み終えたなら、まず、書き始めてください。

　「おわり」はどんなときも「はじまり」を意味します。

◆人を守るために言葉や文章を使う

　2018年９月に大忙しの編集プロダクションの同僚だった藤吉豊と「株式会社文道」という会社をつくりました。

　文章に関するあらゆることを教える会社です。

　私はまだまだひよっこで、少しでもうまく文章が書けるようになりたいと考えています。

　いわば、修行中の身です。

けれど、年の功で、文章に関する知識が多少はあるので、教えられることがあれば、伝えていきたいと考え、「文道」の立ち上げに参加しました。
　文章に関するあらゆることを教える以上、いつかは、
「使い勝手の良い、本当に役立つ文章術の本をつくりたい」
「ひとりでも多くの人が、愛語を使えるような文章術の本をつくりたい」
　というのが、目標のひとつでした。
　本書にその思いを込めました。

「愛語とは何か」については藤吉が先に語っている通りです。
　私にとって「愛語」は人を守る言葉です。

　ある友人から、「文章が書けると武器になるからいいね」と言われたことがあります。
「ペンは剣よりも強し」という言葉もあって、言葉が操れる人は強い、というイメージがあります。
　けれど、私は、武器で攻めるよりも、「守る言葉を使っていきたい」と考えています。
　2018年に亡くなった父が、晩年、私に贈り物をくれました。

「あなたはまだ若い。今からやればなんだって成し遂げられるよ」

　という言葉です。くじけそうになったとき、この言葉はいつも私を支えてくれます。
　目には見えませんが、頑丈なベールで私を守ってくれています。

言葉にはそんな守る力があります。

　人を思いやる言葉が使える人が増えれば、よりあたたかみのある平和な社会になっていくと信じています。

　ひとりでも多くの人が、本書によって人生で役立つ「愛語」を身につけられることを祈っています。

参考にさせていただいた名著100冊

　本書は、下記の条件を「すべて満たす100冊」を調査しました。

- 「書き方」「伝え方」をテーマとする書籍。書くことはコミュニケーションの一部なので、「コミュニケーション」も含めています。
- 「平成元年以降」に、紙または電子媒体で刊行された書籍。時代とともに、「求められる日本語」が変化する可能性があるため。
- 「ベストセラー」「ロングセラー」の書籍。より多くの方に受け入れられているルールを収集するため、販売部数や書籍への評価を踏まえて選出しました。

　ただし、上記の条件を満たさない書籍でも、影響力の大きさに鑑み、以下の書籍も調査対象としました。

- 昭和以前に刊行された書籍で、平成元年以降にベストセラー・ロングセラーと認められたり、「年間ベストセラー」ランキングに入った書籍。平成元年以降に改訂版が刊行された書籍。
- 歴史に名を連ねる文豪（川端康成、谷崎潤一郎、三島由紀夫など）や、ベストセラー作家（作品のジャンルは不問）が書いた文章論。

書籍リスト〈順不同〉

1 『書く力　私たちはこうして文章を磨いた』池上彰・竹内政明／朝日新聞出版
2 『井上ひさしと141人の仲間たちの作文教室』井上ひさし　ほか（著）、文学の蔵（編）／新潮社
3 『世界一ラクにスラスラ書ける文章講座』山口拓朗／かんき出版
4 『自家製　文章読本』井上ひさし／新潮社
5 『新版　論文の教室　レポートから卒論まで』戸田山和久／NHK出版
6 『「言葉にできる」は武器になる。』梅田悟司／日本経済新聞出版
7 『文章讀本』谷崎潤一郎／中央公論新社
8 『書くことについて』スティーヴン・キング（著）、田村義進（訳）／小学館
9 『「分かりやすい文章」の技術』藤沢晃治／講談社
10 『説明は速さで決まる　一瞬で理解される「伝え方」の技術』中村圭／きずな出版
11 『「超」文章法　伝えたいことをどう書くか』野口悠紀雄／中央公論新社
12 『知的トレーニングの技術〔完全独習版〕』花村太郎／筑摩書房
13 『書くことが思いつかない人のための文章教室』近藤勝重／幻冬舎
14 『理科系の作文技術』木下是雄／中央公論新社
15 『新文章讀本』川端康成／新潮社
16 『文芸オタクの私が教えるバズる文章教室』三宅香帆／サンクチュアリ出版
17 『小説講座　売れる作家の全技術　デビューだけで満足してはいけない』大沢在昌／KADOKAWA
18 『「話す」「書く」「聞く」能力が仕事を変える！　伝える力』池上彰／PHP研究所
19 『人の心を動かす文章術』樋口裕一／草思社
20 『この1冊できちんと書ける！　論文・レポートの基本』石黒圭／日本実業出版社
21 『文章の書き方』辰濃和男／岩波書店
22 『知的文章術　誰も教えてくれない心をつかむ書き方』外山滋比古／大和書房
23 『新装版　「分かりやすい表現」の技術　意図を正しく伝えるための16のルール』藤沢晃治／文響社
24 『すぐに稼げる文章術』日垣隆／幻冬舎
25 『文章が劇的にウマくなる「接続詞」』山口拓朗／明日香出版社
26 『考える技術・書く技術』板坂元／講談社
27 『最新版　大学生のためのレポート・論文術』小笠原喜康／講談社
28 『学びを結果に変えるアウトプット大全』樺沢紫苑／サンクチュアリ出版
29 『秘伝「書く」技術』夢枕獏／集英社
30 『調べる技術　書く技術　誰でも本物の教養が身につく知的アウトプットの極意』佐藤優／SBクリエイティブ
31 『メモの魔力』前田裕二／幻冬舎
32 『知的生産の技術』梅棹忠夫／岩波書店
33 『文章読本』丸谷才一／中央公論新社
34 『〈新版〉日本語の作文技術』本多勝一／朝日新聞出版
35 『語彙力がないまま社会人になってしまった人へ』山口謠司／ワニブックス
36 『20歳の自分に受けさせたい文章講義』古賀史健／星海社

37 『悪文・乱文から卒業する　正しい日本語の書き方』スクール東京／ディスカヴァー・トゥエンティワン
38 『noteではじめる　新しいアウトプットの教室　楽しく続けるクリエイター生活』コグレマサト、まつゆう／インプレス
39 『言語化力　言葉にできれば人生は変わる』三浦崇宏／SBクリエイティブ
40 『日本語練習帳』大野晋／岩波書店
41 『論文の書き方』清水幾太郎／岩波書店
42 『文章のみがき方』辰濃和男／岩波書店
43 『究極のセールスレター　シンプルだけど、一生役立つ！　お客様の心をわしづかみにするためのバイブル』ダン・S・ケネディ（著）、神田昌典（監修）、齋藤慎子（訳）／東洋経済新報社
44 『創造的論文の書き方』伊丹敬之／有斐閣
45 『20字に削ぎ落とせ　ワンビッグメッセージで相手を動かす』リップシャッツ信元夏代／朝日新聞出版
46 『入門　考える技術・書く技術　日本人のロジカルシンキング実践法』山崎康司／ダイヤモンド社
47 『ホンモノの文章力　自分を売り込む技術』樋口裕一／集英社
48 『人を操る禁断の文章術』メンタリストDaiGo／かんき出版
49 『広告コピーってこう書くんだ！読本』谷山雅計／宣伝会議
50 『伝わる！　文章力が身につく本』小笠原信之／高橋書店
51 『増補版　大人のための国語ゼミ』野矢茂樹／筑摩書房
52 『文章読本』三島由紀夫／中央公論新社
53 『マジ文章書けないんだけど　朝日新聞ベテラン校閲記者が教える一生モノの文章術』前田安正／大和書房
54 『ちびまる子ちゃんの作文教室』貝田桃子（著）、さくらももこ（キャラクター原作）／集英社
55 『仕事の「5力」』白潟敏朗／KADOKAWA
56 『博報堂スピーチライターが教える　5日間で言葉が「思いつかない」「まとまらない」「伝わらない」がなくなる本』ひきたよしあき／大和出版
57 『思考の整理学』外山滋比古／筑摩書房
58 『50歳からの語彙トレ』菅原圭／大和書房
59 『伝わっているか？』小西利行／宣伝会議
60 『言葉ダイエット　メール、企画書、就職活動が変わる最強の文章術』橋口幸生／宣伝会議
61 『「分かりやすい説明」の技術　最強のプレゼンテーション15のルール』藤沢晃治／講談社
62 『超・箇条書き「10倍速く、魅力的に」伝える技術』杉野幹人／ダイヤモンド社
63 『大人なら知っておきたいモノの言い方サクッとノート』櫻井弘（監修）／永岡書店
64 『アンガーマネジメント　1分で解決！　怒らない伝え方』戸田久実／かんき出版
65 『THE RHETORIC　人生の武器としての伝える技術』ジェイ・ハインリックス（著）、多賀谷正子（訳）／ポプラ社
66 『改訂新版　書く技術・伝える技術』倉島保美／あさ出版
67 『東大物理学者が教える「伝える力」の鍛え方』上田正仁／PHP研究所
68 『日本語のレトリック　文章表現の技法』瀬戸賢一／岩波書店
69 『伝わる文章の作法　悪文』岩淵悦太郎／KADOKAWA

70 『書けるひとになる！　魂の文章術』ナタリー・ゴールドバーグ（著）、小谷啓子（訳）／扶桑社

71 『わかりあえないことから　コミュニケーション能力とは何か』平田オリザ／講談社

72 『改訂版　何を書けばいいかわからない人のための小論文のオキテ55』鈴木鋭智／KADOKAWA

73 『新版　他人に聞けない文書の書き方』矢嶋弥四郎・中川越／日本実業出版社

74 『伝わるシンプル文章術』飯間浩明／ディスカヴァー・トゥエンティワン

75 『伝え方大全　AI時代に必要なのはIQよりも説得力』カーマイン・ガロ（著）、井口耕二（訳）／日経BP

76 『レポート・論文の書き方入門　第4版』河野哲也／慶應義塾大学出版会

77 『大人の語彙力ノート　誰からも「できる！」と思われる』齋藤孝／SBクリエイティブ

78 『ロジカル・プレゼンテーション　自分の考えを効果的に伝える戦略コンサルタントの「提案の技術」』高田貴久／英治出版

79 『プロの代筆屋による心を動かす魔法の文章術』中島泰成／立東舎

80 『人気ブログの作り方　5ヶ月で月45万PVを突破したブログ運営術』かん吉／スモールライフ株式会社

81 『「わかりやすい」文章を書く全技術100』大久保進／クールメディア出版

82 『書くための文章読本』瀬戸賢一／集英社インターナショナル

83 『神トーーク　「伝え方しだい」で人生は思い通り』星渉／KADOKAWA

84 『ここらで広告コピーの本当の話をします。』小霜和也／宣伝会議

85 『カーネギー話し方入門　文庫版』D・カーネギー（著）、市野安雄（翻訳）／創元社

86 『小論文を学ぶ　知の構築のために』長尾達也／山川出版社

87 『文章は接続詞で決まる』石黒圭／光文社

88 『気のきいた短いメールが書ける本　そのまま使える！　短くても失礼のないメール術』中川路亜記／ダイヤモンド社

89 『一番伝わる説明の順番』田中耕比古／フォレスト出版

90 『短いフレーズで気持ちが伝わる！　モノの書き方サクッとノート』平野友朗（監修）／永岡書店

91 『できる大人のモノの言い方大全』話題の達人倶楽部（編）／青春出版社

92 『99％の人がしていないたった1％の仕事のコツ』河野英太郎／ディスカヴァー・トゥエンティワン

93 『伝わる・揺さぶる！　文章を書く』山田ズーニー／PHP研究所

94 『「伝える力」と「地頭力」がいっきに高まる　東大作文』西岡壱誠／東洋経済新報社

95 『アイデアのつくり方』ジェームス・W・ヤング（著）、竹内均（解説）、今井茂雄（訳）／CCCメディアハウス

96 『学校では教えてくれない大切なこと23　文章がうまくなる』関和之／旺文社

97 『文章読本さん江』斎藤美奈子／筑摩書房

98 『頭のいい説明「すぐできる」コツ　今日、結果が出る！』鶴野充茂／三笠書房

99 『理科系のための英文作法　文章をなめらかにつなぐ四つの法則』杉原厚吉／中央公論新社

100 『世界トップエリートのコミュ力の基本　ビジネスコミュニケーション能力を劇的に高める33の絶対ルール』ムーギー・キム／PHP研究所

謝辞

　藤吉豊と小川真理子が、約30年にわたって、出版の現場で仕事ができているのも、「株式会社文道」を設立できたのも、著者としてデビューできたのも、たくさんの方々のあたたかいお力添えがあったからです。

　記して、感謝申し上げます。

- 株式会社日経BP　宮本沙織さん（出版の機会を与えてくださった本書の担当編集者。宮本さんの丁寧で的確な舵取りがなければ、本書は完成しませんでした）
- クロロス　斎藤充さん（本書の中面デザインを担当。藤吉と小川がもっとも信頼する人気デザイナー）
- 株式会社デクスト／クロロス　柴山幸夫さん（藤吉と小川に編集のイロハを教えてくれた頼れる先輩編集者）
  ※クロロス……柴山、斎藤、藤吉、小川の4名からなるフリーランスのユニット
- 大叢山福厳寺　大愚元勝住職（株式会社文道の名付け親）
- 株式会社ナーランダ出版　廣瀬知哲さん（文道の良き理解者）
- ワイズアカデミー株式会社　永田雄三さん（文道の活動を応援してくださる富女子会主宰者）
- 富女子会ライター部／相田真理さん、石崎彩さん、さとうえりさん、花輪恵さん（文道が講師を務めたライティング講座の受講生）
- krranの西垂水敦さん、松山千尋さん（カバーデザイン担当）
- 嶌村忍さん（人生の岐路に立っていた小川をフリーライターの道に導いてくれた恩人）
- 大久保泰佑さん（かつて藤吉と小川が在籍した編集プロダクションの社長）
- 飯沼一洋さん（雑誌編集者だった藤吉をビジネス書の世界に導いてくれた恩人）
- 本書で取り上げた100冊の著者の方々
- この本を手に取ってくださった読者の方々

　最後に、いつも支えになってくれている、藤吉と小川の家族に。

著者プロフィール

藤吉 豊（ふじよし・ゆたか）

株式会社文道、代表取締役。有志4名による編集ユニット「クロロス」のメンバー。日本映画ペンクラブ会員。

編集プロダクションにて、企業PR誌や一般誌、書籍の編集・ライティングに従事。編集プロダクション退社後、出版社にて、自動車専門誌2誌の編集長を歴任。

2001年からフリーランスとなり、雑誌、PR誌の制作や、ビジネス書籍の企画・執筆・編集に携わる。文化人、経営者、アスリート、グラビアアイドルなど、インタビュー実績は2000人以上。

2006年以降は、ビジネス書籍の編集協力に注力し、200冊以上の書籍のライティングに関わる。大学生や社会人に対して、執筆指導なども行なっている。

共著書に『「話し方のベストセラー100冊」のポイントを1冊にまとめてみた。』（日経BP）、単著書に『文章力が、最強の武器である。』（SBクリエイティブ）がある。

小川真理子（おがわ・まりこ）

株式会社文道、取締役。「クロロス」のメンバー。日本映画ペンクラブ会員。

日本女子大学文学部教育学科卒業。編集プロダクションにて、雑誌や企業PR誌、書籍の編集・ライティングに従事。その後、フリーランスとして、大手広告代理店の関連会社にて企業のウェブサイトのコンテンツ制作に関わり、仕事の幅を広げる。

現在はビジネス書や実用書、企業をクライアントとするPR誌などの編集・執筆に携わる。子ども、市井の人、イケメン俳優、文化人など、インタビューの実績は数知れず。得意なジャンルは「生活」全般、自己啓発など。

共著書に『「話し方のベストセラー100冊」のポイントを1冊にまとめてみた。』（日経BP）、自ら企画編集執筆に携わった本に『親が倒れたときに読む本』（枻出版社）がある。近年は、ライティング講座にも力を注ぐ。

文道
https://bundo.net/

Facebook
https://www.facebook.com/BUNDO.inc

YouTube「文道TV」
https://www.youtube.com/channel/UC4Tp1uYoit3pHXipRp_78Ng

「文章術のベストセラー100冊」の
ポイントを1冊にまとめてみた。

2021年1月12日　第1版　第1刷発行
2024年8月21日　第1版　第14刷発行

著　者	藤吉 豊、小川真理子
発行者	中川ヒロミ
発　行	株式会社日経BP
発　売	株式会社日経BPマーケティング
	〒105-8308　東京都港区虎ノ門4-3-12
	https://bookplus.nikkei.com/
装　丁	西垂水 敦・松山千尋（krran）
本文デザイン・制作	斎藤 充（クロロス）
校　閲	株式会社文字工房燦光
編　集	宮本沙織
印刷・製本	TOPPANクロレ株式会社

ISBN978-4-8222-8906-5 Printed in Japan
©2021 Yutaka Fujiyoshi, Mariko Ogawa